本书获得中国农业科学院科技创新工程（10–IAED–08–2022）资助

人口城镇化与粮食安全
机理、实证与对策

高延雷 ◎ 著

Urbanization and Food Security :
Mechanism, Evidence and Countermeasures

中国财经出版传媒集团
经济科学出版社
Economic Science Press

前　言

　　中国是粮食消费大国，如何让人们吃饱并吃好始终是摆在学术界和政策制定者面前的一项重大课题。中国利用7%的世界耕地养活了20%的世界人口，为全球粮食安全事业贡献了重要力量，这也深刻反映出中国的粮食安全面临人多地少的现实问题。与此同时，受新冠肺炎疫情和中美贸易摩擦的影响，粮食进口风险与不确定性显著增加，进一步倒逼并加速粮食安全问题回归国内资源与市场，粮食安全陡增为核心议题。因此，研究如何立足国内有限的资源禀赋，构建系统性的粮食安全防线，满足14亿人口的粮食需求意义特别重大。

　　在此背景下，与粮食安全紧密相关的种植结构问题值得关注，特别是以粮食播种面积占比走高为表征的趋粮化现象更为引人注目。这主要是因为基于理性经济人的基本假设，无法对趋粮化现象进行合理解释。尽管趋粮化有助于提高粮食产出和保障粮食安全，但也应该意识到，当出现经济现象与理论假设不一致时，如果不及时加以识别，可能导致我们忽视其中潜在的不确定性甚至威胁。例如某些干扰因素发生变动，趋粮化可否持续、粮食总产量能否保持稳定增长以及粮食供给是否会遭受冲击均难以预判。但令人遗憾的是，对为什么农业种植结构呈现趋粮化，现有文献尚未给出足够的理论解释和实证回答。

　　鉴于此，本书围绕趋粮化现象展开理论分析与实证检验。通过构建"人口城镇化—农业劳动力供给约束—种植结构调整和农地流转—粮食安全"分析框架，利用宏微观数据和计量模型对以下四个问题进行验证。第一，人口城镇化对农业种植结构调整的影响。此分析主要检验人口城镇化是否促进了趋粮化及其结构突变性。第二，人口城镇化对农地转出的影响。此分析用于解释人口城镇化引致农业劳动力供给约束进一步收紧，农户是否会放弃自营农地而选择将其转出。第三，探讨上述农地转出是否改变了农业种植结构，主要回答流转出去的农地是趋粮化还是非粮化问题。第四，基于以上三个问题的分析结论，进一步估计人口城镇化对粮食安全的影响。

通过理论分析和实证检验，揭示人口城镇化对粮食安全影响效应的大小和方向等问题，得出以下四点主要结论。第一，人口城镇化显著促进趋粮化，但具有门槛特征。第二，人口城镇化显著正向影响农地转出，但呈现门槛特征。第三，农地转入显著提高经济作物播种面积占比，呈现非粮化趋势。第四，人口城镇化显著提高粮食安全水平，各粮食功能区具有明显差异。

结合上述四点结论，本书为趋粮化现象提供了一个新解释：人口城镇化形成农业劳动力供给约束，导致其供给越发不足，从而促使农业种植结构发生趋粮化与非粮化调整，但总体上趋粮化占主导地位。具体而言，按照人口城镇化形成农业劳动力供给约束的发展逻辑，在人口城镇化的不同发展阶段，农业劳动力供给约束呈现松紧差异：人口城镇化早期农业劳动力供给相对充裕，约束较松；后期则相对匮乏，呈现趋紧状态。在这两种约束情境下，农户会实施种植结构趋粮化调整和农地转出两种应对策略，其中后者将进一步引致非粮化。换言之，人口城镇化对农业种植结构具有趋粮化与非粮化正反两种效应，但总体上仍然表现为趋粮化的正向效果。

本书最后提出四点政策启示。第一，关注人口城镇化的趋粮化效应，稳定农业种植结构。人口城镇化显著提高粮食播种面积占比，但门槛特征明显。这意味着在人口城镇化未达到八成，仍然与粮食安全具有目标一致性，需要理性认识趋粮化现象。具体地，应加强北京、上海和天津的种植结构调整管控，避免过度非粮化。应重视各粮食功能区人口城镇化趋粮化效应的差异，特别是稳定主产区的种植结构。第二，重视人口城镇化的农地转出效应，提升土地流转比例。以实现规模化农业为基本目标，借助人口城镇化形成的倒逼机制提高农地流转率，扩大农地流转规模，尤其是盘活西部地区的土地资源，确保农地能够平稳顺利地进入流转市场。第三，警惕农地流转引致的非粮化趋势，降低农地流转成本。在确保粮食安全的常态背景下要适度提高粮食播种面积占比，特别是要关注大规模转入农地案例，防止其过度非粮化。通过建立农地流转交易平台或相应的服务组织，形成农地低成本流转机制，降低流转租金以及粮食生产成本，提高种粮积极性。第四，识别人口城镇化影响粮食安全的趋粮化路径，提高种植结构调整弹性。应通过社会化的服务市场为主产区提供农业生产性外包支持，补齐农业劳动力投入短板，提高农业种植结构调整弹性，稳定粮食产能。应关注就地城镇化引致的用地规划不足以及耕地占用不合理问题，通过落实土地用途管制、基本农田保护以及土地利用总体规划等措施，规避就地城镇化无序扩张和乡村产业冲击带来的耕地数量减少与质量下降的问题。

CONTENTS

第 1 章

绪　论

1.1　研究背景

粮食安全这根弦在任何时候都不能松懈（王济民等，2018；姜长云等，2019；尹成杰，2019；张红宇，2021）。自从美国学者布朗（Brown，1995）在其文章《谁来养活中国》中提出"中国会使世界挨饿"的观点以来，中国的粮食安全问题引起了国内外学术界与决策者的广泛关注（Rosegrant and Cline，2003；Cordell et al.，2009；Godfray et al.，2010；钟甫宁，2016；宋洪远，2016；程国强和朱满德，2020；杜志雄和韩磊，2020）。尽管布朗的观点受到诸多学者的讨论甚至反驳（陆文聪和黄祖辉，2004；Deng et al.，2006；罗必良等，2018），但是粮食安全问题仍然引起了中央政府的高度重视，并且成为当前乃至未来一段时期的重要议题。从国家战略安全的角度讲，粮食关系着民族自立和社会稳定，是实现国家自主安全以及全面建成小康社会的物质基础，更是在复杂的国际形势下赢得战略主动权的关键（唐华俊，2014；尹成杰，2021）。

与此同时，中国 14 亿人口以及有限的土地和水资源禀赋意味着粮食安全形势并不乐观。一个基本事实是，中国用世界 7% 的耕地养活世界 20% 左右的人口是其对全球粮食安全作出的巨大贡献，但这也是中国农业面临的一个艰巨且不可回避的事实压力。粮食生产资源天花板与粮食需求地板双重挤压下，如何保障粮食充分供给以及安全始终是学术界和政策制定者关注的核心议题（Godfray et al.，2010；唐华俊，2012；张红宇等，2015；钟钰等，2020），特别是在日趋紧张的贸易环境和全球新冠肺炎疫情冲击之下，越南、俄罗斯、哈萨克斯坦以及乌克兰等 18 个粮食出口国采取粮食出口管制措施，进一步限制粮食出口贸易，破解粮食安全问题仍需要回归国内资源和市场。

在此背景下，为保持中国粮食产能和稳定粮食供给，国家提出了丰富前沿的政策方案。"藏粮于地、藏粮于技""打好种业翻身仗""坚决守住18 亿亩耕地红线"逐步形成鲜明的粮食安全治理理论，也表明国家保障粮食安全的坚决态度与战略趋向，并且创造性地提出"以我为主、立足国内、确保产能、适度进口、科技支撑"的粮食安全路线。具体方案见诸各类重要的政策文件。例如，2017 年《中共中央 国务院关于深入推进农业供给侧结构性改革加快培育农业农村发展新动能的若干意见》中有 11 次提及粮食问题，明确提出持续加强农田基本建设、严守耕地红线等要求。2018 年《中共中央 国务院关于实施乡村振兴战略的意见》中进一步强调农业生产能力问题，并重点对如何提高粮食产能作出了明确部署，同时提出粮食安全保障立法。2019 年《中共中央 国务院关于坚持农业农村优先发展做好"三农"工作的若干意见》提出，要将粮食播种面积和永久基本农田分别稳定在 16.5 亿亩和 15.46 亿亩的安全线以上，并对粮食安全政绩考核做出明确部署和严格要求。2020 年《中共中央 国务院关于抓好"三农"领域重点工作确保如期实现全面小康的意见》对稳定粮食生产提出了明确要求。2021 年《中共中央 国务院关于全面推进乡村振兴加快农业农村现代化的意见》将粮食安全问题摆在突出位置，并且提出"十四五"时期要稳定粮食播种面积，建设粮食安全产业带等明确的安排和举措。

不难发现，上述政策文件对粮食安全战略与治理举措进行了深刻阐述，同时也在强调粮食安全的重要性和紧迫性。2020 年 9 月，《国务院办公厅关于坚决制止耕地"非农化"行为的通知》明确提出，要聚焦耕地资源，确保粮食产能和有效供给，坚决制止餐饮浪费行为，并且强调通过立法、宣传教育等措施进行严格管控。2021 年 2 月，农业农村部发布《农村土地经营权流转管理办法》，明确提出土地经营权流转要确保农地农用，要优先用于粮食生产，严格防止耕地非粮化，坚决制止耕地"非农化"。

此外，城镇化作为现代化征程中的一项重要战略已经取得重大的成就。但是，城乡二元结构下"三农"问题成为无法回避的短板，并且一定程度上决定着现代化的成败。为破解"三农"难题，学术界与政策制定者把农业农村优先发展摆在突出位置，积极谋划布局，采取了差异化的发展策略。其中，城镇化就是一次伟大的尝试，并且逐步发展成为助力实现现代化的重要路径和驱动力（陈锡文，2018）。20 世纪 70 年代以来，农村人口转移数量和城镇空间体量均取得显著成效。国家统计局公布的数据显示，人口城镇化从 1978 年的 17.92% 上升至 2020 年的 63.89%，年均增速超 1 个百分点。有研究预测，2030 年人口城镇化将达到 70%（陈锡文，2018）。与此同时，城市空间规模扩张明显。《中国城市建设统计年鉴》（2018 年）公布的数据显示，城市建成区面积从 2000 年的 162.21 万公顷持续扩大至 2018 年的 584.55 万公顷，增幅高达 260.37%。同时期，城市建成区面积占行政区划面积的比重则由 0.29% 上升至 0.61%，年均增长约 0.02 个百分点，形成了蔚然的城镇化盛景。

1.2 问题的提出

改革开放以来，粮食总产量不断取得新突破并且成绩可人。1978 ~ 2019 年，粮食总产量总体上呈现波动上升趋势（见图 1-1），特别是 2003 ~ 2015 年，总产量实现"十二连增"，由 4.31 亿吨增加至 6.21 亿吨，增幅高达 44.08%，年均增长率为 3.09%。2016 年，根据农业发展实际实施供给侧结构性改革，并针对种植结构存在的结构性矛盾采取大规模玉米调减措施，粮食播种面积稍有下滑。公开数据显示，与 2015 年相比，2016 年全国谷物（包含稻谷、小麦和玉米）播种面积减少 784.5 万亩，这相当于 2016 年耕地面积的 0.39%。但是，2016 年粮食总产量依然达到了 6.16 亿吨，成为 1978 年以后第二个高产年。在此后的四年时间里，粮食总产量继续保持稳步增长态势，并且从 2018 年开始突破 1.3 万亿斤，2020 年则达到 6.69 亿吨，其中玉米 2.61 亿吨，稻谷 2.12 亿吨，小麦 1.34 亿吨。从平均角度来看，2020 年人均粮食占有量约为 477.86 公斤，远高于人均 400 公斤的国际粮食安全标准线（联合国粮食与农业组织认定），这意味着至少在总产量和人均占有量方面，中国粮食供给充足并且能够满足消费需求。

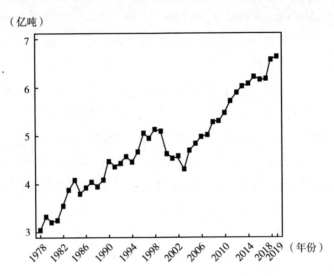

图1-1 1978~2019年粮食总产量变动趋势

资料来源：《中国统计年鉴》（2020年）。

与此同时，粮食与谷物播种面积均呈现波动增长态势（见图1-2）。从现有数据来看，2003~2016年表现特别显著，其中粮食播种面积从14.91亿亩增长至17.88亿亩，增幅19.92%，年均增长率为1.41%，谷物

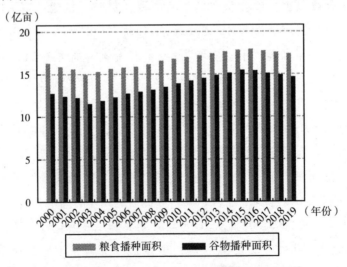

图1-2 2000~2019年粮食、谷物播种面积变动趋势

资料来源：《中国统计年鉴》（2020年）。

播种面积则从 11.52 亿亩上升至 15.41 亿亩，年均增长率为 2.26%。与此同时，粮食播种面积占比以及谷物播种面积占比均呈震荡上升趋势，分别从 2003 年的 65.22% 和 50.40%，增长至 2016 年的 71.42% 和 61.52%，年均增长率分别为 0.70% 和 1.55%。尽管在随后的三年（2017～2019 年），粮食与谷物播种面积占比均有小幅度下滑，但仍分别保持在 70% 和 60% 的水平，中国偏向种植粮食作物的基本趋势与特征并未改变。

不可否认，粮食总产量的稳定与提高对保障国家粮食安全具有决定性意义，但这并不意味着粮食安全问题已经得到了切实解决，尤其是从长期来看其不确定性仍然存在。这主要是由于我们发现了如下现象：无论是毛收益（未扣除家庭用工折价和自营地折租）还是净利润，种植经济作物均明显高于种植粮食作物（见图 1-3），并且从 2016 年开始，种植粮食作物已经低于零值净利润（2016～2018 年分别为 -80.28 元/亩、-12.53 元/亩和 -85.59 元/亩），但是粮食作物播种面积占总播种面积的比重仍然呈现逐年递增的趋势，其中谷物播种面积占比同样呈上升态势，即种植结构正在走向趋粮化（见图 1-4）。

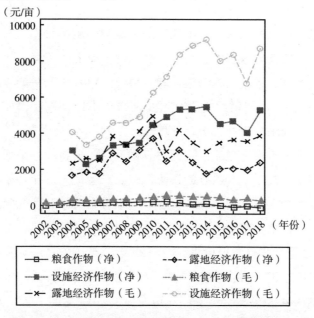

图 1-3 2002～2018 年粮食和经济作物利润变动趋势

资料来源：《全国农产品成本收益资料汇编》（2019 年）。

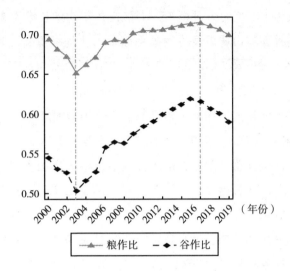

图 1 - 4　2000 ~ 2019 年粮食、谷物播种面积占比变动趋势

资料来源：《中国统计年鉴》（2020 年）。

　　趋粮化是指粮食作物播种面积占比逐渐提高，与之相对应的另一个概念是非粮化，即粮食作物播种面积占比日趋下降。从当前阶段来看，尽管种植结构趋粮化和粮食总产量增长为保障粮食安全贡献了重要的推动力量，但我们也应该意识到，在出现经济现象与理论假设不一致时，如果不加以识别，可能会导致我们忽视其中潜在的不确定性甚至威胁（如外界干扰因素出现波动，种植结构趋粮化能否持续，粮食总产量能否继续保持稳定增长），粮食产能与供给是否会遭受冲击也难以预判。因此，有必要对上述现象进行详细分析并给出合理解释。

　　为深入理解趋粮化现象，我们对其做进一步分析。一般而言，理性农户的种植行为取决于成本收益的权衡，即农户会优先选择种植成本低而收益高的一类作物，本书则在成本收益框架下对当前的经济现象进行详细分析。首先，种植粮食作物的总成本投入呈现稳定增长趋势，并且土地成本（包括流转地租金和自营地折租）增幅最大。《全国农产品成本收益资料汇编》（2001 年、2019 年）数据显示，三种粮食（包括稻谷、小麦和玉米）平均总成本从 2000 年的 282.08 元/亩增加至 2018 年的 1093.77 元/亩，增幅高达 287.75%，年均增长 15.99 个百分点。同期人工成本（包括家庭用工折价和雇工费用）由 122.00 元/亩上升至 419.35 元/亩，增幅 243.73%；

土地成本则由 46.96 元/亩增长至 224.87 元/亩, 增幅 378.85%。进一步地, 利用农村地区居民消费价格指数 (CPI) 剔除价格因素后发现, 2000 ~ 2018 年种植粮食作物的总成本、人工成本和土地成本增幅分别为 279.40%、236.32% 和 368.54%, 成本增长幅度依然巨大。然而, 人工成本与土地成本的不断提高并没有改变农业种植结构走向趋粮化。

当然, 成本分析只能提供相对片面的证据, 反映了农业种植结构趋粮化与理性人的假设预期存在矛盾。为提供更加充分的证据, 我们进一步从收益角度进行比较分析。通过观察相关数据可以发现, 种植三种粮食作物的平均净利润偏低, 并且呈波动降低趋势 (见图 1 - 3)。具体来看, 粮食净利润从 2000 年的 -3.22 元/亩回升至 2001 年的 39.43 元/亩[1], 并维持低水平波动状态, 2016 年再一次突破零值净利润, 降低至 -80.28 元/亩。此后, 2017 年和 2018 年仍处于负净利润状态, 2018 年亩均亏损达到 85.58 元, 其中玉米亏损最高为 163.3 元/亩, 小麦次之为 159.4 元/亩, 而稻谷获利最低为 65.9 元/亩。

按照数据的统计规则, 核算净利润时剔除了家庭用工折价。但是, 从农户的角度讲, 在核算成本时家庭用工折价往往被忽略, 农户仅关注化肥、种子、农药以及机械等要素投入所形成的显性成本。为了与实际的核算方法相匹配, 我们在净利润基础上加入家庭用工折价费用, 并称其为种植粮食作物毛收益。《全国农产品成本收益资料汇编》(2019 年) 数据显示, 种植粮食作物毛收益从 2000 年的 113.78 元/亩上升至 2018 年的 298.11 元/亩, 年均增长率仅为 5.50%, 剔除价格因素后, 年均增长率为 5.37%。与之形成鲜明对比的是, 种植经济作物的净利润与毛收益均显著高于粮食作物 (见图 1 -3)。数据显示, 种植露地蔬菜 (以西红柿、黄瓜和茄子为例) 的净利润均值从 2004 年 1675.54 元/亩上升至 2018 年的 2400.46 元/亩, 增幅为 43.26%; 设施蔬菜所获取的净利润更高, 从 2004 年的 3004.25 元/亩增长至 2018 年的 5300.75 元/亩, 增幅高达 76.44%。另外, 从毛收益的角度分析来看, 露地蔬菜从 2004 年的 2331.90 元/亩提高至 2018 年的 3887.11 元/亩, 其中 2018 年种植露地蔬菜的毛收益约是粮

---

① 《全国农产品成本收益资料汇编》(2001 年、2002 年)。

食作物的 13 倍；2018 年设施蔬菜毛收益达到 8703.48 元/亩，约是粮食作物的 29 倍。由此可见，种植粮食的利润空间显著低于经济作物，并且二者差距呈现逐年拉大的趋势。

另外，种植粮食作物收益对农民增收的贡献度[①]同样在不断下降。数据显示，在农村居民可支配收入增长来源中，种植粮食作物收益的贡献度从 2002 年的 17.45% 降低至 2018 年的 5.41%，降幅高达 69.00%，并且从 2015 年开始跌至 10% 以下，2017 年略有回升，也仅有 7.44%。[②] 总体上，种粮对农民增收的贡献已经微乎其微，在家庭中的经济功能逐步弱化。

从以上分析可以发现种植粮食作物存在高成本、低收益的基本现实。按照经济作物与粮食作物划分，无论是单位面积净利润还是毛收益均显示粮食作物具有极低的市场收益，并且与经济作物相差悬殊，这暗含着种植结构走向非粮化才具有合理性。然而，实际的粮食作物种植却变得持续性活跃，并且推动种植结构走向趋粮化，这显然与粮食作物高成本、低收益的基本现实相悖。因此，有必要探讨种植结构呈现趋粮化的原因及其内在机理。

1.3　一个基础分析

根据理性经济人假设，在家庭资源禀赋约束下农户以收益最大化为目标调整农业经营行为。因此，本书提出如下问题：在种植经济作物与粮食作物存在十分悬殊的比较收益的情境下，为什么粮食播种面积及其占比会出现双增加？即引致趋粮化现象的主要原因是什么呢？

针对上述问题，本书尝试从人口城镇化的角度提供一个逻辑自洽的解释。

首先，人口城镇化形成劳动力供给约束，促进趋粮化。人口城镇化表现为农村劳动力持续由农村转移至城镇并且参与城市非农就业。对于农业而言，一个直接的结果是逐步形成女性化、儿童化和老龄化的劳动力供给

---

① 计算方法：首先以农村人口为基准计算人均谷物（稻谷、玉米和小麦）播种面积，然后乘以种植粮食作物的亩均毛收益（未剔除家庭用工折价），最后除以农村地区人均可支配收入。

② 根据《中国统计年鉴》（2003~2019 年）数据整理。

格局，使得有效劳动力供给明显不足，并且形成约束。农户家庭为应对该约束，一种理性的响应策略是选择劳动力节约型的种植结构。在种植粮食用工需求量显著低于经济作物的基本现实下（无论是纯用工量还是机械替代率，前者的用工量均低于后者），种植结构趋粮化成为应然趋势。当然，尽管趋粮化有助于减少农业劳动力需求，但必要的劳动力投入仍然不可避免（如监管、统筹类工作）。这意味着以调整种植结构来应对劳动力供给约束的策略存在失效的可能性，同时暗含着人口城镇化的趋粮化效应并非一成不变，而是具有阶段性或局部性特征。

其次，人口城镇化收紧劳动力供给约束，促进农地转出。按照人口城镇化持续发展的逻辑，农业劳动力供给约束将进一步收紧。那么，在调整种植结构不能继续放松劳动力供给约束时，农户又会采取怎样的应对策略呢？一种次优方案则是将农地转出，由他人代为经营，农户收取稳定的流转租金。另外，考虑到农户的种植结构调整与农地转出行为存在阶段性，这意味着人口城镇化的农地转出效应同样具有局部性特征。

进一步地，由于进入流转市场的农地附带了流转租金，农地转入者除了进行经营农业的一般性投入以外，还需要额外支付固定的租金成本，使得经营农业的成本逐步显性化。为缓解"成本地板"上升的压力，农户家庭则倾向在转入的农地上种植收益比较高的经济作物，即农地流转将促使种植结构走向非粮化。当关注粮食供给数量和粮食产能安全时，种植结构的趋粮化与非粮化尤为重要，这是因为农业种植结构与粮食供给数量直接且密切相关，种植结构决定着粮食数量安全。例如，2021年《中共中央 国务院关于全面推进乡村振兴加快农业农村现代化的意见》明确提出"坚决防止耕地'非粮化'"的要求，强调了种植结构在保障粮食安全方面的重要性。

根据上述分析和解释可知，人口城镇化对种植结构具有趋粮化和非粮化的局部效应，这也意味着人口城镇化对粮食安全同时存在正向和反向影响，从而形成了验证人口城镇化影响粮食安全全局效应的动机。上述问题和理论推断构成了本书的主要内容。具体而言，本书将验证并且回答以下四个问题：一是人口城镇化是否促进了趋粮化；二是人口城镇化是否促进了农地转出；三是进一步地，农地流转是否改变了农业种植结构；四是人口城镇化是否显著影响粮食安全。

1.4 研究内容、创新与意义

1.4.1 主要内容

本书围绕在种粮比较收益持续低迷的情境下，为什么农业种植结构依然走向趋粮化这一核心问题组织研究内容。通过构建"人口城镇化—农业劳动力供给约束—种植结构调整和农地流转—粮食安全"分析框架，对人口城镇化与粮食安全关系展开理论分析与实证检验，尝试回答什么原因导致了粮食播种面积及其占比的双增加，并且进一步回答人口城镇化给农业种植结构带来怎样的全局效应。具体而言，本书将沿着以下脉络依次展开。

按照理性经济人假设，本书从人口城镇化的角度为趋粮化现象提供一个逻辑自洽的新解释：人口城镇化形成农业劳动力供给约束，进而带来农业种植结构趋粮化的全局效应。这也是人口城镇化显著提高粮食安全水平的一条重要路径。为验证理论推演的可靠性，本书基于宏观省际数据和微观农户数据，利用计量模型对以下四个问题进行验证。

第一，检验人口城镇化对农业种植结构的影响。研究结论可以回答，人口城镇化形成劳动力供给约束是否显著促进农业种植结构趋粮化，以及该影响效应的结构突变点等问题。

第二，考察人口城镇化对农地转出的影响。此分析可以回答，人口城镇化引致农业劳动力供给约束进一步趋紧（此时调整种植结构无法继续放松约束）是否会促进农户转出土地，以及影响效应的结构突变点等问题。

第三，探究农地流转对农业种植结构的影响。顺承第二个问题的分析思路，进一步检验农地转出是否改变了农业种植结构，即讨论流转出去的农地究竟"种了什么"。

第四，估计人口城镇化对粮食安全的影响。根据前面三个问题的研究结论，人口城镇化将带来农业种植结构的趋粮化与非粮化两方面影响，这意味着人口城镇化对粮食安全（数量层面）具有正反两方面的作用，但净效应仍然不明晰。该部分结论可以回答，人口城镇化给粮食安全造成的影响有多大，同时还能够反映人口城镇化影响农业种植结构全局效应的方向以及显著性等问题。

针对上述研究内容，本书主要包括以下 8 章。

第 1 章：绪论。主要介绍本书的研究背景、问题提出、研究内容、创新之处、研究意义、核心概念以及研究方法和数据来源等内容，同时遵循提出问题、分析问题和解决问题的思路设定分析框架。

第 2 章：文献综述。重点梳理粮食的生产、储备、贸易和政策现状，粮食安全面临的突出问题、治理策略以及种植结构调整和城镇化等方面的学术观点。进一步地，通过文献的评述总结现有研究可能存在的局限与不足。

第 3 章：理论分析。根据理性经济人假设，以要素配置决策、C-D 生产函数模型以及成本收益分析等成熟的经济学理论为基础进行理论分析，并且提出相应的研究假说。

第 4 章：人口城镇化与农业种植结构调整。具体而言，基于省际面板数据和门槛回归模型，分析人口城镇化形成的农业劳动力供给约束在跨过阈值之前是否会引致农业种植结构的显著变化，并且估计该效应潜在的结构突变点。

第 5 章：人口城镇化与农地转出。基于微观农户数据，利用门槛回归模型进行实证分析，主要回答人口城镇化形成的农业劳动力供给约束在跨过阈值之后能否显著促进农地转出。

第 6 章：农地流转与农业种植结构调整。进一步考察农地转出是否对农业种植结构具有显著影响，主要回答人口城镇化的农地转出效应是否引致种植结构的变化。

第 7 章：人口城镇化与粮食安全。人口城镇化的趋粮化效应与非粮化效应均显著，这意味着人口城镇化对粮食安全（数量层面）具有正反两方面的影响。本章则重点考证上述影响的净效应，主要回答其显著性、大小以及方向等问题。

第 8 章：结论、讨论与政策启示。总结本书的主要发现和结论，并且按照分析逻辑进一步对基础结论做延伸性讨论，在此基础上提出可用于稳定农业种植结构以及提升粮食安全水平的政策建议。

本书技术路线如图1-5所示。

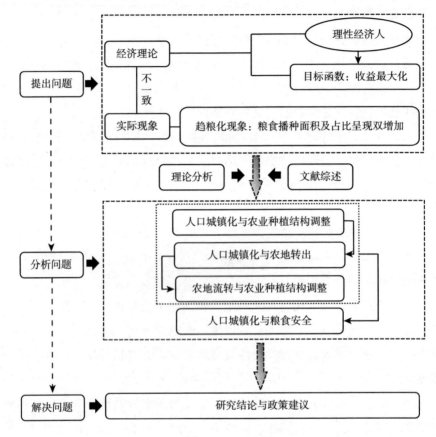

图1-5 本书技术路线

1.4.2 研究创新

相较于已有文献，本书可能的边际贡献主要包括以下三个方面。

第一，研究框架有所拓展。在讨论城镇化与粮食安全的关系时，已有研究大多遵循"投入—产出"的逻辑，即关注城乡之间要素配置（如耕地、劳动力）对粮食产能或者粮食产量的影响。但是，现有文献对要素配置情境下可能存在的农户经营农业的适配行为（如调整种植结构、流转土地以及弃种抛荒等）却有所忽视，对农户行为动态性的捕捉并不充分。本书以人口城镇化引致农业劳动力供给约束为逻辑起点，按照"人口城镇化—农业劳动力供给约束—种植结构调整和农地流转—粮食安全"分析框架，考察劳动力约束下农户经营农业的两种行为，即调整农业种植结构与转出农地。进一步地，将上述问题回归于粮食安全，所设计的研究框架比较新颖，能够充分反映农户经营农业的动态行为。事实上，本书遵循农户农业经营行为动态调整的逻辑解释人口城镇化与粮食安全的关系，同时提供了一个从发展的视角审视二者关系的基础研究。

第二，工具变量选择有所突破。内生性问题是实证研究面临的一个重大挑战，如果内生性问题得不到妥善解决，将会导致参数估计值的不一致，研究结论也难言可靠性。本书在考察人口城镇化对粮食安全的影响效应时，考虑了可能由于核心自变量与因变量双向因果而造成的内生性问题，并引入美国国家地球物理数据中心公布的 DMSP/OLS 夜间灯光数据和达尔豪斯大学大气成分分析组（Atmospheric Composition Analysis Group）公布的 PM2.5 数据作为人口城镇化的工具变量，并采用两阶段最小二乘法对模型参数进行估计。相较于已有研究，工具变量选择有一定创新，同时能够为后期相关研究提供方向性的指引和启发。

第三，研究结论较为新颖。现有研究从城乡要素配置、农业技术进步、生产效率提高、规模化以及城市农业等角度分析了城镇化给粮食安全带来的正向或负向的影响。本书则从农业劳动力供给约束以及进一步引致农业种植结构调整的角度，探究人口城镇化如何提高粮食安全水平，并且得出人口城镇化发挥了显著的趋粮化效应，进而有助于提高粮食产能并且保障粮食安全。该结论剖释了人口城镇化影响粮食数量安全的一条重要机制，即农业种植结构调整，有助于深化对人口城镇化与粮食安全关系的认识。

1.4.3 研究意义

纵观城镇化与粮食安全关系的相关研究，大多遵循投入—产出逻辑对其中的经济过程进行分析和阐释。但是，人口城镇化形成农业劳动力供给约束，以及进一步引致的农户农业经营行为的动态调整问题却缺少系统性研究，进一步将其回归于粮食安全问题的文献更是鲜见。也恰是由于上述方面探究的不足，使得本书在某种程度上具备了理论与政策研究的价值。

本书的理论价值主要表现在以下两个方面。第一，拓展了诱致性制度变迁理论。本书构建了"人口城镇化—农业劳动力供给约束—种植结构调整和农地流转—粮食安全"分析框架，讨论了劳动力供给约束诱致农业经营行为和方式的变迁，并且在统一的框架内分析了人口城镇化引致种植结构调整以及农地流转两个可衔接的动态过程，从而对农业劳动力供给约束所诱致的农业经营方式和经营制度（土地规模化、服务社会化等）的发展趋势形成了比较深入的认识，对现有的诱致性制度变迁理论有一定拓展。

第二，丰富了生产者理论。传统的生产者理论认为产出与投入呈现单一的指数或线性关系，并未发现其可能的结构突变特征。本书利用逻辑推演和生产者理论分析了人口城镇化对农业种植结构调整以及农地流转的影响效应，并且发现前者对后两者的作用效果均存在明显的结构突变性。上述方法的应用为深入认识劳动力与农业经营行为间的作用机制提供了理论基础，对生产者理论有一定丰富，也为探索创新性关系提供了理论方法上的指引。

本书的现实意义主要有以下三点。第一，有助于稳定粮食产能并保障粮食供给。一方面，受限于国内资源与环境禀赋，粮食需求与资源供给以及环境承载力间的矛盾日益尖锐。另一方面，国际局势逐步紧张，粮食贸易不确定性显著增加，加之突发公共安全事件的冲击，使得粮食贸易与安全受到前所未有的挑战。因此，立足国内有限的资源与市场，巩固粮食产能、稳定粮食供给非常重要。本书以人口城镇化引致农业劳动力供给约束为逻辑起点，分析农户经营农业的动态行为，并进一步讨论给粮食安全带来的影响，进而形成针对性的政策建议，为稳定粮食产能以及保障粮食充分供给提供有效的政策抓手。

第二，有助于实现人口城镇化的高质量发展。人口城镇化极大地带动了中国经济的发展，但在确保粮食安全的刚性约束下则需要重新审视城镇化的发展方式与速度，实现其高质量发展十分关键。本书在分析人口城镇化与农业种植结构调整以及粮食安全关系时，对人口城镇化的距离效应进行了系统考察。这样设计的主要目的是揭示差异化的人口城镇化（农村劳动力转移距离）给粮食安全带来的异质性影响，所得出的结论能够为人口城镇化以及农村人口转移提供理论依据和政策参考。

第三，有助于提高劳动力和土地资源的城乡配置效率。城乡之间资源的流动是提高要素投入效率的关键，人口城镇化不可避免地会改变粮食生产的要素结构，但是如何提高要素投入效率则需要明确的经验证据。本书利用宏微观数据和计量模型实证考察城乡劳动力流动对种植结构调整、农地流转以及粮食安全的影响效应，这对于优化劳动力要素流动和土地资源配置有重要的指导意义。

1.5　概念界定

1.5.1　粮食安全

1. 粮食安全已有概念及其演变

1972～1974 年，受持续性恶劣天气影响，全球谷物歉收，粮食库存趋紧，粮食危机在世界范围内爆发，粮食安全问题正式得到关注，并走上学术研究的舞台。鉴于对粮食危机的认识以及 20 世纪 70 年代时代背景的考量，联合国粮食及农业组织（以下简称"联合国粮农组织"）提出"任何人在任何时候都能得到为了生存和健康所需要的足够食品"，这是粮食安全的第一个明确概念，也成为学术界认识粮食安全问题的基本指南。从定义不难发现，该定义关注了粮食安全在人类生存和健康方面的作用，具有明显的时代匹配性。由于粮食安全存在敏感的情境依赖，其内涵随时间的推进而发生新变化。1983 年，联合国粮农组织对粮食安全的概念进行修订：确保所有人在任何时候既能买得起又能买得到所需的基本食品。相较于 20 世纪 70 年代，新概念补充了粮食可获得性以及可获得能力的要求。1996 年，联合国粮农组织进一步关注粮食可获得性，并强调粮食安全与个人食物偏好的匹配性，即粮食安全应该与营养、健康以及偏好相契合。这要求粮食生产和价格不仅能够满足人们的生存需要，更要满足人们积极的生活需求，体现了人们对高质量生活的追求。2001 年世界粮食大会上由联合国粮农组织牵头，在延续基本概念的基础上进一步对粮食安全内涵做出更高要求的阐释，并且重点把无污染、无公害列入新要求。

以联合国粮农组织设定的粮食安全概念为基础，学术界从多个角度对其进行补充和修订。其中，安德森（Anderson，1999）认为粮食安全包含两个最低标准：一是健康安全食物的可获得性；二是人们获得这种食物的能力。相应地，粮食不安全则是指对营养健康食物的储备或通过社会认同的方式来获得营养健康食物的能力不足或不可靠。麦克斯韦等（Maxwell et al.，1992）从宏观和微观两个层面对粮食安全内涵进行了阐释，其中宏观主要为国家层面粮食获取能力，微观则回归至家庭和个人层面，分别由家庭收入和营养状况来反映。2012 年，联合国粮农组织进一步将食物多样性、营养健康、环境卫生以及教育医疗引入粮食安全概念，并再次强调粮食安全与饮食需求、食物偏好的契合性，注重供需匹配。

粮食安全是一个具有时代匹配性和强烈情境依赖的概念。因此，适应基本国情，粮食安全则具有鲜明的中国特色。1992 年中国将粮食数量、结构和质量纳入粮食安全范畴。该定义与 1983 年联合国粮农组织提出的粮食安全定义基本一致，重点对粮食供应、结构和质量提出要求。不同之处在于，国内定义突出了政府在确保粮食安全方面的重要作用与责任。朱泽（1998）基于现实国情的考虑认为，粮食安全是工业化过程中满足逐步增长的粮食需求以及承受各类不可测事件冲击的能力，强调供给与产能安全。吴天锡（2001）认为，粮食安全具有动态发展特征，并且基本的演进轨迹是从粮食充分供给到家庭粮食获得能力，最后达到营养安全。

粮食安全问题深入研究使得国内学术界对该问题的认识更具系统性。钟甫宁等（2004）认为粮食安全应该从以下四个方面考量：一是总量上供给能否满足需求；二是时间和地理区位上供给能否与需求相匹配；三是人们获取生存所需粮食的途径是否简易、快捷；四是粮食是否营养卫生，并且能够确保人们的身体健康。翟虎渠（2004）认为，粮食安全包含数量安全、质量安全以及生态安全三个方面，其内涵在于粮食数量应该优先得到保障，在此基础上应该保证营养全面、膳食结构合理以及卫生合格，进一步地，还要降低粮食生产的环境代价，保持生产与供给的可持续。胡岳岷等（2013）认为，粮食安全应该与生活水平、消费结构相匹配，除了包含数量与质量安全之外，还应包含生态与健康安全。与之相似，张慧等（2017）提出粮食安全生态可持续性，强调粮食安全在时间维度上的重要性。谢高地等（2017）从国家、家庭以及个人三个层面分析粮食安全的内涵。其中，国家层面的粮食安全为粮食的可获取能力，并且主要是粮食生产能力和进口能力；家庭层面则重点强调食物安全；个人层面主要为营养安全。成升魁等（2018）强调粮食安全的系统性特征，并认为新时代粮食安全应该包含营养、绿色、多元、开放等方面信息，突出粮食安全与经济发展阶段的匹配性。

粮食安全问题概念的发展与演变过程如表 1-1 所示。

表 1-1　　　　　　　　　　粮食安全概念的发展与演变过程

年份	提出者	定义	主要内涵
1974	FAO	任何人在任何时候都能得到为了生存和健康所需的足够食品	关注人类生存与健康
1983	FAO	确保所有人在任何时候既能买得起又能买得到所需的基本食品	强调粮食生产与消费
1999	安德森	粮食安全包含两个最低标准：一是健康安全食物的可获得性；二是人们获得这种食物的能力	粮食的可获得性、消费者的可获得能力
1992	麦克斯韦等	粮食安全包含宏观与微观意涵，并分别从国家食物获取、家庭收入水平和个人营养安全来反映	突出粮食安全宏观与微观内涵
1996	FAO	让所有人在任何时候都能在物质和经济上获得足够营养和安全的食物，并以此来满足其积极和健康生活的膳食需要以及食物喜好	强调食物营养与安全，满足膳食需要和食物喜好
1998	朱泽	满足粮食需求和承受不安全事件冲击的能力	外界冲击与粮食供给
2001	FAO	应确保向消费者提供有益于健康和延年益寿的粮食与食物	强调了无污染、无公害
2001	吴天锡	粮食安全具有动态发展特征，并且基本的演进轨迹是从粮食充分供给到家庭粮食获得能力，最后达到营养安全	粮食安全的动态发展特征

续表

年份	提出者	定义	主要内涵
2004	钟甫宁等	粮食安全问题应当分为四个层次：一是总量上供给能否满足需求；二是时间和地理区位上供给能否与需求相匹配；三是人们获取生存所需粮食的途径是否简易、快捷；四是粮食是否营养卫生，并且能够确保人们的身体健康	粮食的供给能力、可获得性（包括获得能力和外界环境）
2004	翟虎渠	粮食安全问题可以分为三个主要内容：数量安全、质量安全以及生态安全	粮食数量、质量与生态
2012	FAO	粮食安全应包含食物多样性、营养健康、环境卫生以及教育医疗等方面	强调粮食安全与饮食需求、食物偏好的契合性，注重供需匹配
2013	胡岳岷等	粮食安全除了包含数量和质量安全之外，还应该包含生态与健康安全	粮食安全与经济水平、生活质量的匹配性
2017	张慧等	提出粮食安全的生态可持续性，强调粮食安全在时间维度上的重要性	粮食安全的可持续性
2017	谢高地等	从国家、家庭以及个人三个层面分析粮食安全的内涵，其中国家层面粮食安全为粮食的可获取能力，并且主要是粮食生产能力和进口能力，家庭层面强调食物安全，个人层面则主要为营养安全	可获得性、食物安全、营养安全
2018	成升魁等	强调粮食安全的系统性特征，新时代粮食安全应该包含营养、绿色、多元、开放等方面信息，突出粮食安全与经济发展阶段的匹配性	强调粮食安全的营养、绿色、多元、开放特征

2. 粮食安全在本书中的界定

上述文献和研究给出了粮食安全概念的丰富内涵，为形成契合本书的粮食安全概念提供了丰富的文献支撑。由于本书关注的核心内容为粮食数量，故此将粮食安全界定为数量安全。进一步地，本书设置粮食播种面积、粮食播种面积占比、复种指数、自给率、耕地质量以及单产等指标对粮食安全水平进行测度，最终得到粮食安全指数，并以此度量粮食安全水平。

　　需要进一步说明的是，农业种植结构（如粮食作物播种面积占总播种面积的比重）能够直接影响粮食产能以及粮食供给数量，二者直接且密切相关，是讨论粮食数量安全时不可回避的重要方面。换言之，如果粮食播种面积占比偏低必然会给粮食数量安全带来负面冲击，这也是国家强调"坚决防止耕地'非粮化'"[①] 的重要原因。基于上述考虑，本书选择从农业种植结构调整的角度搭建人口城镇化与粮食安全关系。从概念界定的依据来看，将粮食安全界定为数量安全的原因主要有以下三个方面。

　　第一，人口大国依赖粮食总量的稳定供给，数量安全是关键。从国家战略安全的角度讲，与世界上其他小国不同，中国粮食需求规模巨大，具有典型的大国效应。当面临突发事件冲击而形成需求缺口时（如自然灾害、新冠肺炎疫情以及贸易封锁等），全球可贸易的粮食总量也难以填补，被粮食出口国家"卡脖子"则不可避免。数据显示，全球粮食贸易量约 2.5 亿~3.0 亿吨，不到中国粮食消费量的 1/2，其中大米贸易量为 3500 万~4000 万吨，仅相当于国内消费量的 1/4。[②] 因此，立足国内有限的资源禀赋，保障粮食产能与供给才能真正掌握粮食安全的主动权，从而决定着应对国内外复杂多变环境的底气（张红宇，2020）。中国情境下如何强调粮食数量安全都不为过。

　　第二，尽管粮食安全具有丰富的内涵，其中数量安全仍为核心。从现有研究看，诸多学者指出粮食安全具有多维特征，但在相关的论述中均把粮食数量作为基础。换句话说，只有在确保粮食数量安全的前提下才能进一步衍生出其他内涵。当前阶段，特别是在复杂的国际环境以及贸易不确定性显著增大的背景下，谈论粮食安全时仍然需要回归粮食数量以及产能问题，优先确保粮食数量供给安全。

　　第三，分析人口城镇化与粮食安全关系，数量安全具有逻辑自洽性。本书的逻辑起点是人口城镇化形成农业劳动力供给约束，进而带来农业种植结构调整。这意味着粮食或者经济作物播种面积将随之变化，进而与粮食数量直接相关。此外，人口城镇化改变了食物消费结构，使得人们对

[①]　参见 2021 年《中共中央 国务院关于全面推进乡村振兴加快农业农村现代化的意见》。

[②]　杜鹰. 中国的粮食安全战略（上）[J]. 农村工作通讯，2020 (21)：35 - 38.

肉、蛋、奶等食物的需求增大，从而对饲料粮的供应提出了更高的要求，这同样与粮食数量密切相关。

1.5.2 人口城镇化

城乡二元结构下，劳动力持续由农村转移至城市，并且在城市参与非农就业是中国城乡劳动力流动的一个典型特征，这也是造成农业劳动力供给不足，进一步形成农村空心化、老龄化以及女性化的主要原因。人口城镇化形成农业劳动力供给约束成为本书的逻辑起点。

改革开放以来，城镇化作为一项国家战略快速发展并取得可人成绩。统计数据显示，以城镇常住人口为衡量标准的人口城镇化率从 1978 年的 17.92% 上升至 2019 年的 60.60%[①]，年均提高 1.04 个百分点。与此同时，城市建成区面积从 2000 年的 162.21 万公顷持续增加至 2017 年的 551.55 万公顷[②]，城市空间规模扩大十分明显。此外，以原住地的中心村或小城镇为依托，通过发展乡镇企业和民营企业来带动农村劳动力实现就地非农就业和就地市民化，并尝试提供与城市接近的公共设施与服务的就地城镇化也在迅速发展。不难发现，城镇化是一个十分宽泛的概念，包含了人口、土地和经济等诸多方面。考虑到本书的逻辑起点是人口城镇化形成农业劳动力供给约束，其中的核心问题集中在劳动力的城乡流动，因此可以将概念缩小至人口城镇化，即考虑城镇化中的劳动力转移问题。进一步地，为避免宏观与微观层面概念的混淆，针对本书所用数据有必要对人口城镇化概念做更为清晰的界定。

具体来说，本书从宏观和微观两个层面来界定人口城镇化。其中，宏观层面我们关注城镇常住人口占总人口的比重，这是刻画劳动力城乡流动和转移就业的一种恰当度量方法。但需要进一步说明的是，人口城镇化包含一定比例的非农业劳动力，并且该群体具有较弱的城乡流动性，同时在各省（区、市）的分布也相对随机，这可以视为劳动力由农村转移至城市

---

① 国家统计局局长就 2019 年全年国民经济运行情况答记者问［EB/OL］. 国家统计局官网，2020 – 01 – 17.

② 根据《中国城市建设统计年鉴》（2001～2018 年）数据整理。

指标的一种随机冲击，在进行回归分析时并不会对参数估计结果的一致性和无偏性造成显著的影响。此外，为弱化可能由于测量误差造成的内生性问题，在进行具体的实证设计时本书仍然会选取适当的工具变量，并力争得到可靠的模型估计结果和可信的研究结论。微观层面则以农户家庭为单位，重点考察农户家庭转移人口数量占家庭总人口的比重。由于农户家庭内部转移人口是形成人口城镇化的重要群体，同时也必然会引致农户家庭劳动力数量与质量的供给不足。所以，从这个角度讲，农户家庭转移人口占家庭总人口的比重与人口城镇化具有统一性，同时与本书所关注的问题相契合。

1.6　研究方法与数据

1.6.1　研究方法

为考察人口城镇化与粮食安全的关系，本书首先对现有文献进行了详细梳理，总结其中可能存在的不足并确立本书的切入点和创新之处。然后基于大样本的宏观与微观数据，并利用计量经济模型对人口城镇化与粮食安全关系进行实证分析，尝试得出具有一般性特征的研究结论。因此，本书主要采用文献资料法和计量模型法来实现上述目的。

1. 文献资料法

文献资料法，亦称文献资料研究法，即对现有的文献和资料进行归集并且加以归纳总结，从中获取必要的理论与事实支撑。本书根据国内外关于粮食安全和人口城镇化领域的学术文献，探索可资借鉴的理论和方法，并且进一步发现既有研究存在的一些不足，进而确立本书的主要内容和分析框架。

2. 计量模型法

基于大样本数据和计量模型分析变量之间的相关或因果关系是经济学

研究的重要方法。本书基于宏观省际面板数据和微观农户数据以及多种计量模型考察人口城镇化对粮食安全的影响效应。具体而言：第一，应用门槛回归模型（threshold regressive model，TRM）估计人口城镇化对趋粮化的影响效应，及其可能存在门槛特征，并且利用固定效应模型（fixed effects model，FE）、面板 Tobit 模型进行稳健性检验，利用工具变量法（instrumental variable，IV）处理潜在的内生性；第二，应用二分类 Probit 模型分析人口城镇化对农地转出行为的影响，利用门槛回归模型估计该影响的结构突变点，并且利用线性概率模型（linear probability model，LPM）进行稳健性检验；第三，应用倾向得分匹配法（propensity score matching，PSM）和调节效应模型分析农地转入对农业种植结构调整的影响效应；第四，应用固定效应模型考察人口城镇化对粮食安全的影响效应，并且利用非参数估计、双向固定效应模型以及交互固定效应模型对基准回归结果进行稳健性检验，采用工具变量和两阶段最小二乘法（IV‒2SLS）缓解潜在的内生性问题。

1.6.2　数据来源

詹姆斯·科尔曼在其著作《社会理论的基础》（2008）中提到，严谨的社会科学研究应该兼具宏观与微观相统一的特征，即无论从哪个维度出发，最终均能得到一致的研究结论，这样才能完整地把握一个社会现象。为此，本书在进行实证设计时也将利用这种策略，选择宏观省际数据和微观农户数据对人口城镇化与粮食安全的关系展开分析，尝试提供完整的宏微观证据，以期得出相对准确且稳健的研究结论。

1. 宏观数据

本书在考察人口城镇化对农业种植结构调整的影响效应和人口城镇化对粮食安全的影响效应时主要基于宏观层面的省际面板数据。宏观数据来源于由国家统计局、中央各部委以及省（区、市）政府主持编撰并公开发布的各类统计年鉴。一般来讲，统计年鉴分为综合类和专业类，包含 31 个省（区、市）① 社会、经济和文化等方面的数据信息，具有样本覆盖范围广、代表性强、数据可靠性高以及指标丰富等特点，是了解和掌握国家经济和社会发展各领域状况的权威资料（郭依群和马雪梅，2009），同时也是进行学术研究的重要数据库。本书的实证数据主要来源于 2001～2020 年的《中国统计年鉴》《中国农村统计年鉴》《中国人口和就业统计年鉴》《中国城市建设统计年鉴》《中国城市统计年鉴》《中国人口统计年鉴》《全国农产品成本收益资料汇编》等统计资料。另外，本书还利用了国泰安数据库（CSMAR）、布瑞克农业数据库、国务院发展研究中心信息网和中华人民共和国民政部网站公布的数据。

2. 微观数据

考虑到宏观数据在度量微观变量时可能存在一些不足（例如关键指标缺失、度量失准以及统计口径不一致等），同时省际层面的数据对微观个体行为特征与核心机制的反映也比较有限，可能存在机制讨论不明晰、欠深入等问题。为此，本书将利用微观层面的农户调查数据，系统考察农户家庭人口城镇化对农地转出的影响，以及农地转出对农业种植结构调整的作用效果，尝试提供人口城镇化与粮食安全关系的微观证据。

具体而言，本书第 5 章和第 6 章均利用中国金融调查与研究中心组织实施并公开的 2015 年中国家庭金融调查（China Household Finance Survey，CHFS）数据进行实证检验。该调查基于分层、多阶段与规模成比例（probabilty proportionate to size sampling，PPS）的现代抽样技术和计算机辅助调查系统（computer assisted personal interviewing，CAPI），调查了 29 个省（区、市），351 个县，1396 个村（居）委会，样本规模为 37289 户。调查的主要内容包括人口统计学特征、金融与非金融资产（如土地）、社会保障与商业保险以及家庭收入与支出等方面的数据信息，是反映微观金融、资产以及生活状况的重要数据库。考虑到本书关注的样本为农业生产

① 根据《中华人民共和国香港特别行政区基本法》和《中华人民共和国澳门特别行政区基本法》的有关原则，香港、澳门与内地是相对独立的统计区域，依据各自不同的统计制度和法律规定独立进行统计工作。因此，本书所用宏观数据均未包含香港和澳门。同时，限于数据的可获得性，本书未考察中国台湾。

经营的主要参与者，故在截取数据时，根据问卷中的问题"去年，您家是否从事农业生产经营（包括农、林、牧、渔，不包括受雇于他人的农业生产经营）？"仅保留从事农业生产经营活动的基准样本。

需要说明的是，中国家庭金融调查与研究中心向外界公开了 2017 年最新一期数据，但遗憾的是，2017 年数据并没有包含本书重点关注的从事农业生产经营活动的一类样本，所以本书主要以 2015 年的数据为基础进行实证分析。与此同时，CHFS 数据包含了部分样本的追踪调查，时间间隔为 2 年（2011～2017 年，仅部分样本有追踪），但是从个体农户的角度来看很多变量并没有发生显著变化，尤其是本书关注的核心变量——农业种植结构调整、农地转出以及劳动力流动等，这会严重影响模型估计结果的有效性和无偏性。考虑到这个原因，本书也没有筛选和应用面板数据。

另外，由于本书涉及的变量比较多，在开展具体的实证分析时可能面临某些样本的关键变量缺失问题，从而导致在不同的研究问题、异质性讨论或者估计方法下观测值略有差异。为避免造成理解偏误，与样本观测值相关的信息会在下文相应的表格和文字解析处进行详细说明。

第2章

文献综述

2.1　粮食状况：生产、储备、贸易与政策

2.1.1　粮食生产

生产端稳固是确保粮食安全的关键（李国祥，2014），学术界对该问题做了深入探索和研究，并形成了多元化的认识和结论。

第一，总体认识不断深入。尹成杰（2005）从供需角度提出，中国粮食安全的核心要义在于生产能力安全，提高粮食综合生产能力是确保粮食安全的有效途径。因此，应将提高综合生产能力放置在粮食安全战略高度，稳定并增加粮食有效供给。进一步地，提高粮食综合生产能力则可以从加强农田水利设施建设、实施测土配方施肥技术以及调整和扩大种粮补贴内容与补贴范围等措施着手（潘岩，2009；何蒲明和娄方舟，2014）。此外，最新的研究认为，当前的生产体系下中国的粮食生产能力已经基本达到阶段性峰值，粮食生产体系的"天花板"逐渐显现（蔡之兵和张青，2021）。

第二，生产要素的投入特征逐渐明晰。刘成武和黄利民（2015）研究发现，农户用于粮食生产的劳动力与土地投入量明显下降，农地利用方式呈"省工性"变化趋势，其中劳动力要素逐步被农机替代，农地则被化肥和农药替代，在上述要素间替代作用下，农机投入量显著提高，同时化肥、农药等存在重污染特征的化学品投入量随之上升。雷泽奎等（2021）

研究了技术进步路径对粮食安全的影响，同时发现土地和非熟练劳动力增进型技术进步在提高农产品产量方面表现最为突出，为农业技术变革方向提供了理论指导。此外，还有研究提出粮食生产中心出现了显著转移，并且这种转移不利于水资源高效利用（徐海亚和朱会义，2015）。

2.1.2 粮食储备

粮食储备具有显著的调剂丰歉余缺、稳定粮食市场和保障粮食安全的作用，是名副其实的粮食安全压舱石（程国强，2012；普蕈喆和郑风田，2016；杜鹰，2020）。在复杂的国际形势以及粮食海外贸易风险与不确定性显著增加的情形下，必要的粮食储备极为重要。张瑞娟和武拉平（2012）通过研究农户粮食储备的影响因素发现，真实利率、上年粮食储备量、粮食价格以及非农收入对粮食储备具有显著影响。吴昊和甘宇（2019）研究了地方政府粮食储备意愿及其影响因素后发现，从2009年开始，地方政府粮食储备支出在全国粮食储备支出中的比重出现急剧下降趋势，并且主产区成为地方粮食储备支出中所占比重最大的区域。魏霄云和史清华（2020）分析了农户家庭粮食储备问题，发现农户粮食储备规模与可用时间均出现显著下降，农户家庭粮食安全的市场化趋势日益明显。

2.1.3 粮食流通贸易

开放的市场条件下，粮食流通与粮食贸易是粮食安全的生命线，尤其是对粮食消费大国来说意义尤为重大。诸多学者认为，中国实现粮食安全的有效途径在于充分利用了国际市场（毛学峰和孔祥智，2019；蒋和平等，2020）。研究测算，满足中国的食物消费需求还存在至少10亿亩播种面积的缺口。[①] 因此，利用国际资源和市场来保障国家粮食安全是不可回避的问题。毛学峰等（2015）的研究结果表明，在经济发展和产业结构调整过程中，中国在粮食进口方面发生了显著变化，由原来的少量进口调剂

---

① 陈锡文. 乡村振兴要突破乡村特有功能［EB/OL］. 腾讯网，2021 – 01 – 09.

余缺逐步转向现阶段的大规模进口弥补不足，粮食安全面临的贸易风险上升。何树全和高旻（2014）研究发现，粮食需求具有"大国效应"，能够引起粮食国际价格的显著变动，大豆和玉米的进口量较大，所面临的贸易风险较大。孙致陆等（2019）分析了中国与"一带一路"沿线国家的粮食贸易状况，发现自 2008 年以来，中国粮食进口量高于出口量，并且净进口量呈现逐年递增的趋势。华树春和钟钰（2021）研究了粮食区域供需问题，发现 2000 ~ 2018 年，国内有 23 个省份的小麦、21 个省份的稻谷以及 19 个省份的玉米已经不能实现自给，粮食安全面临严峻的区域调剂与供应风险。

2.1.4　粮食政策

确保国家粮食安全，粮食政策发挥了举足轻重的作用。例如，2004 年和 2008 年实施了最低收购价和临时收储等"托市"政策，充分调动了农民的种粮积极性，粮食产量也得到稳步提升，尤其是在稻谷主产区其对种植面积的正向促进作用表现更为突出（李丰等，2016；万晓萌等，2018）。此外，连续 18 年聚焦"三农"的一号文件，为稳定粮食供给和治理粮食安全提供了重要的方向指引。农业补贴可分为价格补贴、直接补贴和服务型补贴三种类型（柯柄生，2018）。一般而言，粮食政策可以通过宏观调控与农业投入影响粮食生产能力（安悦等，2021）。基于政策的有效性，绝大部分国家并没有放任粮食完全依赖市场，而是采取必要的调控手段对粮食生产给予适当的政策干预（马九杰等，2001），特别是粮食财政补贴政策所发挥的影响效应格外显著（侯石安，2008）。具体而言，万宝瑞（2008）研究认为，加大惠农政策力度、完善农业"四补贴"以及向主产区倾斜的政策支持可以有效提高粮食比较效益，进而激发农户种粮积极性，从而有助于保障粮食安全。蓝海涛和王为农（2007）研究认为，财政为农业提供了补贴和信贷支持，有助于缓解农户流动性约束，进而可以为粮食生产带来显著的正向刺激。王欧和杨进（2014）考察了农业补贴政策给粮食生产带来的影响并得出结论，前者对粮食播种面积、资本投入以及粮食产量均具有显著的正向促进作用。

2.2 粮食安全问题

中国的粮食总产量从 2004 年的 4.69 亿吨增长至 2015 年的 6.21 亿吨，粮食产量实现"十二连增"。从 2013 年开始总产量突破 6 亿吨，达到历史新高度。2016 年实施供给侧结构调整政策，玉米播种面积受到大幅度削减，导致总产量下滑，但仍然保持在 6 亿吨以上，并且成为 1978 年以来第二个高产年。从 2016 年到 2019 年，粮食总产量依然保持稳定增长，并且在 2019 年达到历史最高的 66384 万吨。由此可见，无论是粮食总产量的持续增长还是轻微波动，均意味着粮食总量已经实现了跨越式发展。但是，我们也应该深刻认识到，现阶段世情、国情和农情正在发生剧烈变革，粮食贸易的不确定性和风险显著增加，粮食安全也因此衍生出各种痼疾和新问题。基于现有文献，对粮食安全面临的突出问题进行梳理和总结（见表 2 - 1）。

表 2 - 1　　　　　　　　　**粮食安全问题的学术观点**

作者	研究内容	研究方法	主要观点
第一类文献：学术界对粮食安全问题的认识不断深化			
姜长云 （2005）	粮食安全存在的问题	文献分析 理论分析	保障粮食安全的重点应该逐步由数量安全向能力安全转变，同时由生产安全向生产和流通相结合的方向转变
钟甫宁 （2011）	粮食安全的基本形势	理论分析	短期内粮食安全不存在重大问题，但从人口年龄结构、就业结构以及耕地、单位土地面积产量等方面考虑，长期粮食安全形势依然严峻
马晓河 （2016）	新形势下的粮食安全问题	理论分析	粮食安全问题突出表现在三个方面：一是过度开发土地资源和水资源；二是高成本低收益；三是科技储备支撑能力偏弱
程国强 （2019）	粮食产业高质量发展问题	理论分析	粮食安全面临结构性失衡以及抗风险能力差的短板

续表

作者	研究内容	研究方法	主要观点
蒋和平等 （2020）	保障粮食安全的基本思路	理论分析	从四个方面构建粮食安全新观念：一是粮食生产要构建供需改革双轨机制；二是要兼顾粮食供给价格安全与粮农收入安全；三是要确保流通和储备安全；四是粮食生产方式要从耕地粮食向立体粮食转变
张红宇 （2021）	粮食安全问题识别	理论分析	粮食安全的根本问题在于土地要素、人力要素、科技要素和政策要素
第二类文献：资源紧张、生态脆弱、贸易风险增加以及供需结构失衡是主要问题			
黎东升和曾靖 （2015）	粮食安全面临的挑战	理论分析	粮食安全存在资源偏紧、生态环境恶化以及自主性不足的风险
张元红等 （2015）	粮食安全评价与战略	理论分析	粮食安全面临营养结构不合理和环境可持续性差问题
宋洪远 （2016）	保障粮食安全的策略	理论分析	粮食安全面临资源环境约束与生产要素制约，受国际市场的影响越来越大，进口难度不断增大
王济民等 （2018）	粮食安全的成就、问题及建议	文献分析 理论分析	粮食安全存在结构性矛盾、环境压力以及国际竞争力不足等方面的问题
姜长云和王一杰 （2019）	粮食安全的成就、经验与思考	理论分析	粮食安全的主要问题是结构矛盾
吕捷和王雨濛 （2019）	国际粮食经济形势和中国粮食安全问题	理论分析 文献分析	总量和结构方面，粮食供给和需求匹配失效，粮食供给面临挑战，对国际市场的依赖度持续增加，粮食供给方面的国际话语权偏弱
杜鹰 （2020）	中国的粮食安全战略	理论分析	粮食安全面临七个方面问题：一是粮食需求刚性增长；二是用于粮食生产的资源约束日益趋紧；三是粮食品种结构和区域结构矛盾突出；四是粮食质量不高；五是粮食生产成本比较高；六是粮食海外贸易风险和不确定性增加；七是粮食支持和保护政策不完善
王晓君等 （2020）	"十四五"时期粮食安全面临的问题	理论分析	粮食产业面临供需结构变化、大豆进口持续增加、生产主体进入"老年化"以及粮食绿色转型不彻底等问题
刘奇（2021）	粮食需求问题	理论分析	口粮实现充分自给，饲料粮缺口巨大

续表

作者	研究内容	研究方法	主要观点
倪坤晓和何安华（2021）	供给和需求维度粮食的基本形势和发展态势	理论分析文献分析	供给侧粮食总体供给充足，但依然面临资源和成本压力；需求侧存在结构差异和城乡差异问题
张红宇（2021）	粮食安全问题识别	理论分析	粮食安全面临资源困境、能力困境和市场困境

第三类文献：农业劳动力供给数量及其女性化和老龄化成为新挑战

作者	研究内容	研究方法	主要观点
罗泽尔等（Rozelle et al.，1999）	农村劳动力转移问题	实证分析案例分析	农村劳动力流出对粮食安全产生不利影响
曼奇内利等（Mancinelli et al.，2011）		理论分析实证分析	受过良好教育的农村劳动力转移至城市会使农村人力资本受损，进而影响粮食产出率
程名望等（2015）		理论分析实证分析	农村劳动力转移给粮食供给安全造成显著的负向影响
吴惠芳和饶静（2009）	农业劳动力女性化问题	实证分析	留守妇女在农业生产中面临劳动力不足、没有掌握生产技术、购买生产资料难等问题，不利于保障粮食安全
彭代彦和吴翔（2013）		实证分析	农业劳动力女性化使得农业生产技术效率显著降低
冷智花等（2020）	农业劳动力女性化问题	理论分析实证分析	女性在家庭实际种植面积和粮食纯收入两个方面均显著低于男性
李旻和赵连阁（2009）		实证分析	劳动力老龄化对农业生产造成不利影响
陈锡文等（2011）		理论分析	农村人口老龄化对农业产出具有负向影响
胥璐等（2013）	农业劳动力老龄化问题	理论分析	农业人口老龄化问题日益凸显，对农业发展和粮食安全带来极大威胁
魏君英和夏旺（2018）		实证分析	农村人口老龄化给粮食产量带来显著负向影响，并认为粮食安全面临比较严峻的人口老龄化压力
张志新等（2021）		实证分析	农村人口老龄化会给粮食供给安全带来了显著负向影响

2.3　粮食安全治理

粮食作为准公共产品，需要政府的关注和适度干预（Candel，2014；Escamilla et al.，2017）。经过不断地探索，粮食安全治理形成了包括"米袋子"省长负责制、粮油生产大县奖励、最低收购价以及种粮农民直接补贴等直接措施与耕地保护、农田水利建设等间接手段于一体的粮食安全治理体系。其中，家庭联产承包责任制、农业税减免等多项政策都取得了显著的制度绩效。随着城镇化的快速推进，部分政策的适用性和实际效果受到了学术界的广泛关注，围绕补贴制度（杜辉等，2010）、粮食主产区发展（魏后凯和王业强，2012）、粮食储备（贾晋等，2011）、粮食种植区域布局（陈秧分等，2014）以及粮食托市收购（贺伟和朱善利，2011）等多个粮食安全治理维度展开了大量的理论分析和实证研究，为完善国家粮食安全治理提供了有益参考。

此外，还有学者提出了具体的粮食安全治理措施。例如，韩立民等（2015）提出"蓝色基本农田"的制度构想，并认为保护和扩大海水养殖生产能力可以有效缓解动物性消费增长带来的粮食安全压力。张务锋（2019）提出应通过加强法治建设、完善体制机制以及加强制度执行等举措提升粮食安全治理效能。何秀荣（2020）研究提出从改革粮食收储制度和价格体系、建立长效制度和政策体系以及推动粮食生产者的规模化经营等角度强化粮食安全治理。刘丹和巩前文（2017）研究了农地流转中的非粮化行为，并提出农地应该优先流转给种粮大户和粮食加工企业通过建立农地流转费用指导标准、规避农地流转政府强制行为、加强对农地使用用途监管和完善流转农地种粮低收益补贴等措施来纠正种植结构的过度非粮化。沈洁（2020）在新冠肺炎疫情爆发对国家粮食安全造成挑战的背景下，建议通过加快粮食安全保障法立法、健全和完善相关机制、推动治理重心下沉、完善市场体系、提升粮食产业发展水平、加强国内粮食生产能力等措施来完善中国粮食安全治理体系。

2.4 农业种植结构调整

农业种植结构调整是提高土地和用水效率以及适应气候变化的有效措施（Dong et al.，2016；Han et al.，2018；Tan and Zheng，2019），同时也是促进粮食持续增产的重要因素（李天祥和朱晶，2014）。朱晶等（2013）测算发现，2004~2012年粮食九连增期间，粮食作物结构调整的贡献率为年均26%，最高达到67%。事实上，在有限的耕地资源以及复种指数的约束下，种植结构调整成为增减作物播种面积、调剂食物消费余缺、满足食物消费多元化需求以及确保粮食安全的重要措施，也是在日趋复杂的国际环境下，立足国内的资源与市场，提高国际话语权的可靠保障。

学术界关于农业种植结构调整的研究主要有以下三类。第一，考察农业种植结构调整的影响因素。从诸多文献中可以梳理出一些共性且重要的因素，如农业机械化水平（朱满德等，2021）、农业劳动力转移（钟甫宁等，2016；檀竹平等，2019）、农业劳动力价格（杨进等，2016；闫周府等，2021）、种粮收益（曾福生和戴鹏，2012；张贝倍等，2020）以及土地流转（张宗毅和杜志雄，2015；王善高和雷昊，2019）。上述文献为农业种植结构的趋粮化与非粮化调整问题提供了十分丰富的解释。

第二，农业种植结构调整方向的预测研究。从现有文献来看，诸多研究主要基于自主体（agent）动态模拟技术对农户生产决策行为进行探索。例如，卡斯特利亚等（Castella et al.，2005）系统模拟了农户在面对差异化的土地政策时对轮作和休耕等生产方式的选择行为。钟甫宁和叶春辉（2004）基于比较优势理论构建了农业生产结构调整模型，并且对2005年农产品播种面积的调整方向和数量进行了预测。吴文斌等（2007）则基于离散选择模型和作物效用函数对农户的作物选择行为做了模拟。巴尔武埃纳等（Valbuena et al.，2010）根据家庭农场种植行为决策的概率分布，预测了在规模扩大、规模缩小以及多元化发展情形下农业种植结构的调整方向。上述文献为把握农业种植结构调整方向，并据此做出有针对性的干预措施提供了重要的理论基础，尤其是在应对过度非粮化以及保障粮食稳定供给和粮食安全方面发挥了关键作用。

第三，农业种植结构调整的探索性发现。例如，刘莹和黄季焜（2010）研究认为，农户的种植决策是基于多目标的。在种植决策过程中会同时考虑利润最大化、风险最小化和家庭劳动力投入最小化三方面目标。仇童伟和罗必良（2018）将农户的种植结构调整行为视为一种内生的执行机制，并且由要素配置、地权预期以及分工程度共同决定。张雪和周密（2019）研究发现，由于农村具有由"亲"而"信"的网络关系，农户的种植结构调整存在显著的羊群效应，其行为主要受亲缘网络和地缘网络的影响。

2.5　城镇化

2.5.1　城镇化与生产要素配置

城乡二元经济结构下，在市场化配置中生产要素实现城乡自由流动，生产效率得到有效提高。劳动力和土地是粮食生产必要的要素投入，即使在机械技术以及综合机械化率迅速提升的背景下，劳动力要素投入仍然不可或缺，土地依然是确保粮食安全的命根子。人口城镇化的一个直观表现是吸纳农村劳动力转移至城市。与此同时，城市空间扩张及其集约功能可能会对农地带来影响。为梳理城镇化与生产要素之间的关系，下面对相关文献进行梳理和总结。

第一，城镇化与农业劳动力。传统农业部门的劳动生产率低于城市工业部门，高收入预期促使劳动力由农业部门转移至城市工业部门（Harris and Todaro，1970），并逐步形成现代化进程中的一种典型特征（Zhang and Song，2003），同时使得农业劳动力供给日趋收紧。有学者研究发现，城镇化对农村劳动力转移具有显著的正向影响，形成了强大的吸纳作用（Au and Henderson，2006；张洪潮和王丹，2016）。进一步地，曾湘泉等（2013）研究发现，城镇化对农村劳动力的吸纳能力具有明显的区域异质性，表现为东南高、西北低的特征。王国刚等（2013）则从城镇化的响应机理和调控模式维度探讨农村劳动力转移问题，研究表明城镇化迅速发展极大带动了农村劳动力转移，并且转移比重和转移规模具有明显的阶段性和区域异质性。此外，还有学者考察了城镇化与农村人口老龄化（刘华军和刘传明，2016）、农村低技能劳动力转移（顾天竹等，2021）之间的关系，认为城镇化加剧了农村老龄化，并且有助于农村低技能劳动力转移。

第二，城镇化与耕地。城镇化是影响耕地变化的主要因素（George and Samuel，2003；Stage et al.，2010；Jiang et al.，2013）。具体而言，张军岩和贾绍凤（2005）研究了城镇化对耕地的影响，发现城镇化带来了农用耕地面积的显著减少，影响效应约为 5%~10%。库鲁朱和克里斯蒂娜（Kurucu and Chiristina，2008）通过使用地理信息系统（Geographic Information System，GIS）和遥感（Remote Sensing，RS）技术考察城市蔓延引起的农地流失问题，发现从 1965 年到 2001 年，城镇化造成土耳其托尔巴利（Torbali）地区耕地面积显著减少 4742.357 平方米。卢等（Lu et al.，2011）构建了标准化植被指数（Normalized Difference Vegetation Index，NDVI）并发现城镇化显著减少了耕地面积，同时改变了土地利用效率。刘彦随和乔陆印（2014）研究发现，城镇化快速推进伴随着优质耕地的迅速减少，城镇化中期阶段所面临的耕地保护压力最大。张乐勤和陈发奎（2014）探讨了城镇化对耕地的影响并认为城镇化带来了耕地面积的显著降低，同时所估计出的边际弹性约为 -0.007。曾福生（2015）研究发现，从 1996 年至 2009 年城镇化占用耕地面积增加 4178 万亩，其中大部分为优等耕地。布兰德奥莫尔等（Brend'Amour et al.，2017）研究发现，2030 年城市扩张会导致全球耕地减少 1.8%~2.4%，其中耕地损失的 80% 发生在亚洲和非洲。

不同于上述学术观点，还有学者认为城镇化通过集约功能增加耕地面积。例如古等（Gu et al.，2019）研究发现，乡村比城市占用更多的土地，而城市建设由于人口密度比较高从而能够节约大量耕地。王等（Wang et al.，2020）的研究认为，如果城镇化率达到 90%，中国的农田面积至少增加 5 万~8 万平方千米。

2.5.2 城镇化与粮食需求

从理论上讲，城镇化对人们的生活方式、地域、角色、行为习惯以及消费结构等方面均具有显著的影响，并且对粮食的需求总量和需求结构产生影响，胡冰川和周竹君（2015）将其解释为城镇化的迁移效应。换言之，城镇化显著促进收入水平的提高，社会形态随之发生明显变化，进而产生两方面效应：其一，处于解决温饱阶段的人群，收入提高会促使基础粮食需求量提高；其二，温饱问题解决后，收入提高能够显著推动食物消费结构的调整（钟甫宁，2016）。具体来说，人口城镇化促进食物消费结构逐步转向肉、蛋、禽以及奶等（见表 2 - 2），然而生产这些食物则需要消耗更多的饲料粮。根据粮食转化率的相关研究，猪肉的粮食转化率为 1∶4.6（即 4.6 千克粮食可以转化为 1 千克猪肉），牛羊肉为 1∶3.6，禽类为 1∶3.2，鲜蛋为 1∶3.6，鲜奶为 1∶1.2，水产品为 1∶2，从而导致饲料粮的需求量增加。另外，相关数据显示，农村向城市转移 1 个人就要多消费 28% 的菜、24% 的油、51% 的肉和 200% 的水产品。

表 2 - 2　　　　2000～2018 年人口城乡分布与粮食消费情况

年份	人口（万人）		人均原粮消费量（千克/人·年）		人均副食品消费量（千克/人·年）	
	农村	城镇	农村	城镇	农村	城镇
2000	80837	45906	250.23	82.31	23.05	46.62
2001	79563	48064	238.62	79.69	23.29	46.73
2002	78241	50212	236.50	78.48	23.63	58.80
2003	76851	52376	222.44	79.52	24.76	62.75
2004	75705	54283	218.27	78.18	24.46	58.40
2005	74544	56212	208.85	76.98	28.33	61.15
2006	73160	58288	205.62	75.92	28.69	60.85
2007	71496	60633	199.50	77.60	29.10	59.88
2008	70399	62403	199.10	79.47	27.10	56.63
2009	68938	64512	189.30	81.33	28.50	60.15
2010	67113	66978	181.44	81.53	28.70	58.70
2011	65656	69079	170.74	80.71	31.40	58.99
2012	64222	71182	164.27	78.76	32.00	60.18
2013	62961	73111	178.50	121.30	41.30	52.70

年份	人口 （万人）		人均原粮消费量 （千克/人·年）		人均副食品消费量 （千克/人·年）	
	农村	城镇	农村	城镇	农村	城镇
2014	61866	74916	167.60	117.20	42.80	57.60
2015	60346	77116	159.50	112.60	44.80	56.20
2016	58973	79298	157.20	111.90	45.70	56.90
2017	57661	81347	154.60	109.70	47.30	66.30
2018	56401	83137	148.50	110.00	50.80	68.30

注：副食品包括猪肉、牛肉、羊肉、家禽、蛋、蛋制品、奶和奶制品，各类食物加总后得到相应数据。

城镇化对粮食需求的影响一直是学术界关注的热点议题。黄和大卫（Huang and David，1993）首次基于 9 个亚洲国家的年度时间序列数据和近乎理想的线性需求系统（Almost Ideal Demand System，AIDS）检验了城镇化对水稻、小麦和粗粮三种谷物需求的影响，研究发现，高收入国家城镇化显著减少了谷物需求，但在低收入国家城镇化对谷物需求有正向影响。肯尼迪和里尔登（Kennedy and Reardon，1994）研究认为，城市更好的工作机会和收入增加使得女性对快餐和方便食品产生更大需求。黄季焜（1999）研究了中国大陆和台湾地区食物消费的变动问题，发现城市化不仅能够引致消费者生活方式和饮食偏好发生变化，而且对于职业变动对食物需求结构调整具有决定性作用。已有研究中，胡冰川和周竹君（2015）指出，城镇化可带来全年人均粮食消费量减少 53.3 公斤、食用植物油消费量减少 2.3 公斤、肉类消费量增加 5.5 公斤以及蔬菜消费量下降 78.2 公斤。陈笑和张正河（2015）研究认为，粮食消费存在明显的城乡二元结构，具体表现为城镇居民肉蛋奶类食品的消费明显多于农村居民，而口粮消费则显著少于农村居民。钟甫宁和向晶（2012）从热量消费视角分析认为，城镇化提高了居民食物消费结构中动物产品的比重，进而推动粮食需求显著增加。甘地和周（Gandhi and Zhou，2014）研究了印度和中国粮食需求变化并发现，城镇化和经济增长使得蔬菜、水果、动物和加工食品、饮料以及外出就餐需求急剧增加，进而促进粮食总需求量增加。李隆玲等（2016）研究了城镇化进程中农民工收入对粮食消费的影响，认为农民工收入水平提高能够显著促进食物消费支出和各类食物消费量的增加。霍夫汉尼斯扬和德瓦多斯（Hovhannisyan and Devadoss，2020）将城镇化纳入食物需求系统（the Exact Affine Stone Index，EASI）的实证框架研究城镇化对食物需求的影响，发现城镇化增加了肉、水果和鸡蛋的需求，同时减少了谷物、蔬菜和油脂需求。

2.5.3　城镇化与粮食安全

粮食安全面临城镇化与工业化的挑战（Khan et al.，2009）。但是，城镇化与粮食安全的关系学术界尚未达成共识，总结来看主要存在两种观点：其一，城镇化与粮食安全存在要素竞争，不利于粮食安全；其二，城镇化的集约特征提高要素投入效率，从而对粮食安全有促进作用。下面将对以上两种观点进行梳理。

第一，竞争论：城镇化与粮食安全存在要素竞争，不利于保障粮食安全。首先，城镇化带来土地资源的占用与侵蚀，从而不利于粮食安全（Yang and Li，2000；冷智花等，2014）。姜长云（2005）分析认为，城镇化空间上的大规模扩张使得大量农用地转变为城市建设用地，进而给粮食产能造成负面冲击。哈利姆等（Halim et al.，2007）研究发现，五年时间内印度尼西亚的城镇化侵蚀了约 100 万公顷的土地，给粮食安全带来极大威胁。潘迪和塞托（Pandey and Seto，2015）研究了印度城镇化对土地的占用问题并发现，城镇化占用大量耕地并造成巨大损失，不利于粮食生产。其次，城镇化带来了水资源竞争。韩吉拉和库雷西（Hanjra and Qureshi，2010）认为城镇化与粮食生产存在用水竞争，使得有效灌溉面积显著减少，对粮食安全造成负面影响。陈（Chen，2007）认为，城市高频率的酸雨及其造成的土壤退化将会严重削弱粮食生产能力。许高峰和王运博（2013）研究认为，城镇化造成农业水土资源数量与质量下降、生态环境破坏以及可持续发展能力不足等问题，进而给粮食安全带来不利的影响。此外，古等（Gu et al.，2019）研究认为，人口城镇化带来的饮食结构变化和食物浪费将会对粮食安全造成威胁。

第二，促进论：城镇化促进要素集约利用，并逐步改变农业经营方式，从而有助于提高粮食安全水平。首先，城镇化有助于土地的集约利用。王等（Wang et al.，2020）研究认为，城镇化能够释放耕地并降低农田破碎度，当彻底实现城镇化时，可以增加 4% 的粮食产量。罗翔等（2016）认为，城镇化显著降低了粮食主产区人均耕地压力，从而有助于保障粮食安全。其次，城镇化促进了技术要素供给。戈弗雷等（Godfray et al.，2016）认为，城乡间存在紧密的经济联系，发端于城市的技术不断向农村输出，助力于提高生产效率。涂涛涛等（2017）基于一般均衡（computable general equilibrium，CGE）模型研究发现，当劳动力市场不存在分割时，人口城镇化能够显著提高粮食产量。再其次，城镇化改变了农业经营方式。郭兵（2011）研究认为，城镇化能够显著提高农业生产规模化和集约化水平，并有助于推动农业现代化发展，从而可以弥补粮食生产要素减少所带来的负面影响。萨特思韦特（Satterthwaite，2010）从"城市农业"的角度分析认为，逐步兴起的"城市农业"（如城市屋顶农业）有助于提高粮食产能，并且有助于缓解传统农业的压力，从而对提高粮食安全水平发挥了积极的作用。最后，还有学者利用大样本数据和计量模型检验了城镇化与粮食安全关系，并且发现前者显著促进了后者（杨志海和王雅鹏；2012；徐建玲和查婷俊，2014）。

2.6 文献述评

从现有研究来看，已有文献从粮食的生产、储备、贸易以及政策等维度对当前阶段的粮食安全状况进行了系统性分析。在此基础上，诸多学者准确指出了粮食安全面临的主要问题，并提出相应的治理策略。上述文献为本书提供了重要的方向性指引，有助于深化对国家粮食安全问题的认识。

此外，学术界还针对城镇化与粮食安全关系问题展开深刻讨论。具体来说，一些研究从城乡二元结构框架下讨论城镇化与粮食安全关系，并且分析逻辑集中于"投入—产出"框架，即城镇化通过作用于各种生产要素的投入（如劳动力、耕地以及水资源）进而对粮食产能与产量造成影响。

从现有研究的主要结论看，城镇化对农业劳动力的负向影响已经基本达成共识，但对耕地要素的配置效应仍然存在激烈争论。与此同时，现有文献还重点分析了城镇化可能带来明显的粮食需求效应，表现为人们生活水平、节奏的改变会导致食物需求结构以及总量发生显著变化，从而可能进一步形成粮食供需矛盾。受限于数据和方法（如耕地规模监测可能需要利用遥感 RS 和地球信息系统 GIS 等技术），在"投入—产出"框架下城镇化与粮食安全关系尚未得出一致的结论。

现有文献为认识和理解人口城镇化与粮食安全关系提供了重要的理论与经验基础。但是，仔细梳理后可以总结以下三点不足。

第一，人口城镇化影响农户经营行为的认识不足。现有研究考察了人口城镇化对农业种植结构调整的影响，也有学者探讨了农村劳动力转移与土地流转之间的关系。但是，现有文献并没有发现农业种植结构调整与农地流转可能存在的系统性联系，特别是在农业劳动力供给约束的逻辑之下，以上两种农户经营行为具有明显的阶段性和动态性特征。由于对上述特征的忽视，使得人口城镇化与农业种植结构调整以及农地流转之间关系的认识欠缺整体性和准确性。

第二，人口城镇化与粮食安全的关系分析缺乏新视角。现有研究主要以"投入—产出"逻辑为分析基础，从要素投入与粮食产出的视角探究城镇化与粮食安全之间的关系。已有文献按照要素投入的多少判断对粮食安全的影响，缺乏新视角。通过构建"人口城镇化—农业劳动力供给约束—种植结构调整和农地流转—粮食安全"框架，从农业劳动力供给约束及其引致的农业种植结构调整的角度考察人口城镇化与粮食安全关系的研究却近乎空白。

第三，人口城镇化与粮食安全关系实证数据代表性欠缺。从现有文献可以发现，基于实证策略考察人口城镇化与粮食安全关系的相关研究，所用数据集中为某个省份或者县域，样本的代表性略显不足，实证结果也难言可信性，由此而形成的政策建议难以有效外推。这对于粮食安全这一全域性问题而言，局域性数据可能并不合适，覆盖全国的大样本数据应该是必要条件。

第3章

理论分析

3.1 农业劳动力供给不足——一个基本事实

本书的主要目的是分析人口城镇化引致农业劳动力供给约束是否会对粮食安全（粮食产量）带来显著的影响。确切地说，本书警惕于农业劳动力供给约束可能给粮食基本产能造成的负面冲击。为实现上述目标而需要明确的一个关键问题是，对于既有的资源禀赋而言，农业劳动力供给是否存在不足或约束。如果农业劳动力处于过剩状态，也难言劳动力的供给约束，"人口城镇化—农业劳动力供给约束"逻辑之下的种植结构调整以及农地转出等一系列行为并不会切实发生。例如，王跃梅等（2013）研究认为，粮食主产区农村劳动力外流缓解了粮食生产的内卷化问题，从而有助于提高粮食产出效率。马晓河和马建蕾（2007）研究认为，农村仍存在剩余劳动力，并且2006年人数约为11423.16万人。① 因此，在进行理论分析之前，有必要对农业劳动力供给状况的基本事实进行详细阐述，并且至少在时间维度上给出变动趋势的说明。

从现有研究来看，学术界的一个基本共识是大量农村劳动力向外流动，诱致农业劳动力的女性化、儿童化和老龄化。当前，中国农村劳动力转移具有年轻化、男性化和受教育水平较高的选择性特征（郭剑雄和李志

---

① 马晓河，马建蕾. 中国农村劳动力到底剩余多少？[J]. 中国农村经济，2007（12）：4-9.

俊，2009），从而使得农村女性和老年人群体成为农业生产的主力军，并逐步形成"男工女耕"式的性别分工和"年轻人务工、老年人耕地"的代际分工模式（Rozelle et al.，1999；李旻和赵连阁，2009a；李旻和赵连阁，2009b；秦立建等，2011；郭晓鸣等，2014；钟甫宁等，2016）。农业劳动力供给短缺已经成为当前农业生产面临的主要矛盾和挑战（闫周府等，2021）。

从经济学的角度讲，农业劳动力女性化、儿童化和老龄化的性别与年龄布局，意味着无论从体力、技术、可持续性还是获取资本支持的能力上都呈现出农业的弱势特征，加重了农业生产的脆弱性和农业经济的边缘化与空壳化，也是未来中国农业和农村发展中的一大隐忧。例如，宋和吉金斯（Song and Jiggins，2002）研究认为，从事农业生产的农村妇女，其生产率远低于男性。项继权和周长友（2017）分析认为，人口城镇化引致的农村空心化、农业边缘化和农民老龄化日益突出，并且可能进一步衍生为"新三农"问题。这样的要素配置结构可能会对土地规模化、农业生产效率、粮食产能以及粮食安全带来一定的负面影响。盖庆恩等（2014）研究认为，在当前制度环境下，中国的"刘易斯拐点"已经到来。而另一部分研究者认为农业劳动力的老龄化、女性化并不必然对粮食生产效率以及粮食产出构成负面影响（Zhang et al.，2004；彭代彦和文乐，2016），这些研究的基本逻辑普遍是从农业社会化服务、机械化形成农业劳动力的有效替代的角度进行解释。但是，从实证层面来讲这样处理可能存在些许不足，导致所识别出的影响效应并非由老龄化或者女性化造成，而是存在混淆。事实上，无论是社会化服务还是机械化都会影响粮食生产效率或者粮食产出，而且与农业劳动力老龄化和女性化均密切相关，从而形成了计量经济学中的内生性问题，这无疑会对研究结论的可信性带来挑战。

总体上，乡村人口数量与农业从业人口数量均呈现逐年递减趋势（见图3-1）。根据《中国统计年鉴》（2020年）的数据，农村人口从2000年的8.08亿人减少到2019年的5.52亿人，期间农村人口净减少25675万人，年均减少超过1351万人，同时，相应年份农业从业人口数量则从3.60亿人持续减少到1.96亿人，平均每年减少863万人，减幅高达45.56%。2018年，村庄户籍人口77132.71万人，村庄常住人口69005.17万人，这意味着有8127.54万人从农村流出。另外，《2020年农民工监测调查报告》数据显示，外出农民工达到 16959 万人，并且年龄为 16～50 岁的农民工占比高达 61.9%，农村劳动力转移呈现明显的年轻化趋势。与此同时，随着农村青壮年劳动力持续、大规模转移至城市和非农部门，因此有必要考虑"有效农业劳动力"（如年纪轻、体力好以及务农技术水平高的群体）的问题。

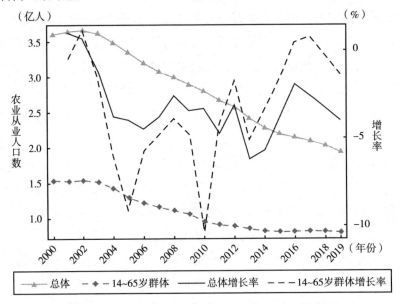

图 3-1　2000～2019 年农业从业人口数量与增长率变动趋势

如表 3-1 所示，老年抚养比呈逐年递增趋势，从 2000 年的 9.9% 增长到 2019 年的 17.8%，年均增长 0.42 个百分点。此外，中国正处于低生育水平阶段（2010～2019 年，中国总和生育率为 1.6 左右，显著低于更替水平），少儿抚养比有逐年递减趋势，近 10 年保持两成右的水平，总抚养比则保持在四成左右。为考察有效劳动力状况及其变动趋势，我们根据历年 0～14 岁少儿抚养比和 65 岁及以上老年抚养比对农业劳动力数量进行折算①，并保留 14～65 岁农业从业群体。数据显示，农业从业的有效劳动力

---

① 按照联合国标准（65 岁及以上老年人口占比超过 7% 或者 60 岁及以上人口占比超 10%），中国自 2000 年开始进入老龄化社会。2019 年 60 周岁及以上人口 25388 万人，占比 18.1%；65 周岁及以上人口 17603 万人，占比 12.6%，并且农村地区表现更为突出。因此，有必要考虑农村人口老龄化问题。需要说明的是，农村地区老龄化水平高于城市，这里处理可能造成农村有效劳动力高估。换句话说，农村有效劳动力的真实数量要低于本书测算的数量。

数量已经从 2000 年的 1.54 亿人减少到 2019 年的 0.81 亿人，减幅高达 47.40%。进一步地，根据谢玲红和吕开宇（2020）的测算结果，2018 年中国农业生产需劳动力约 1.18 亿人，如果按照"有效劳动力"核算，当前农村劳动力已经出现供给不足迹象。

表 3 - 1　　　　　　　　　2000~2019 年人口年龄结构

| 年份 | 0~14 岁 | | 65 岁及以上 | | 少儿抚养比（%） | 老年抚养比（%） |
	人口数（万人）	比重（%）	人口数（万人）	比重（%）		
2000	29012	22.9	8821	7.0	32.6	9.9
2001	28716	22.5	9062	7.1	32.0	10.1
2002	28774	22.4	9377	7.3	31.9	10.4
2003	28559	22.1	9692	7.5	31.4	10.7
2004	27947	21.5	9857	7.6	30.3	10.7
2005	26504	20.3	10055	7.7	28.1	10.7
2006	25961	19.8	10419	7.9	27.3	11.0
2007	25660	19.4	10636	8.1	26.8	11.1
2008	25166	19.0	10956	8.3	26.0	11.3
2009	24659	18.5	11307	8.5	25.3	11.6
2010	22259	16.6	11894	8.9	22.3	11.9
2011	22164	16.5	12288	9.1	22.1	12.3
2012	22287	16.5	12714	9.4	22.2	12.7
2013	22329	16.4	13161	9.7	22.2	13.1
2014	22558	16.5	13755	10.1	22.5	13.7
2015	22715	16.5	14386	10.5	22.6	14.3
2016	23008	16.7	15003	10.8	22.9	15.0
2017	23348	16.8	15831	11.4	23.4	15.9
2018	23523	16.9	16658	11.9	23.7	16.8
2019	23492	16.8	17603	12.6	23.8	17.8

另外，根据 2010 年第六次人口普查数据，农村 5~9 岁人口数为 4032 万人，这批儿童在"十三五"时期陆续成长为农村有效劳动力，年均增长

806 万人；而 2010 年农村 10～14 岁人口数为 4210 万人，这批人成为"十二五"时期新增农村有效劳动力，平均每年增长 842 万人。与此同时，"十一五"时期新增农村有效劳动力的人数为 6356 万人，"十五"时期则为 8959 万人[①]。显然，"十三五"时期农村新增有效劳动力均明显少于"十二五"、"十一五"和"十五"时期。不仅如此，从"十五"时期到"十三五"时期，农村劳动力减少人口总数呈逐期递增趋势，年均增长率稳中略增（见表 3－2）。

表 3－2　　　　"十五"时期至"十三五"时期农村劳动力人口数量变化情况

五年规划期	减少人口总数（万人）	年均减少数（万人）	年均增长率（%）
"十五"时期	2957	591	－27.53
"十一五"时期	4010	802	－27.52
"十二五"时期	4675	935	－27.52
"十三五"时期[a]	2051	512	－29.32

注：a. "十三五"时期只计算了 2016～2019 年的数据。

农业从业人口增长率方面，无论是总体还是 14～65 岁群体均为负向增长且处于高位，尤其是 14～65 岁群体在大多数年份表现出更高的负增长率，其中 2005 年增长率为 －9.14%，2010 年则达到 －10.39%，近几年稍有缓和，但仍然保持负增长态势，其中 2019 年为 －1.40%。这意味着，农村劳动力依然在快速向外流动，特别是年纪较轻的青壮年群体转移速度更快。另外，《中国农村发展报告 2020》推测，到 2025 年人口城镇化率将达到 65.5%，预估新增农村转移人口在 8000 万人以上，农业就业人员比重相应下降到 20% 左右，乡村 60 岁以上人口比例预计达到 25.3%，约 1.24 亿人。[②] 换句话说，农村地区劳动力转移趋势仍将持续，在数量和质量层面形成的农业劳动力供给约束也正在向趋紧方向发展。

---

① 中华人民共和国国家统计局（第五次人口普查数据），http：//www.stats.gov.cn/tjsj/pcsj/rkpc/5rp/index.htm。

② "十四五"时期中国农村发展高层论坛在京举办《中国农村发展报告 2020》发布［EB/OL］. 中国社会科学网，2020 － 08 － 19.

与此同时，村庄层面村庄数量也呈逐年递减趋势，其中自然村数量降幅尤为突出。《中国城乡建设统计年鉴（2018）》数据显示，中国自然村个数由 2010 年的 2729820 个减少到 2018 年的 2451945 个，平均每年约有 3.5 万个自然村消失；同期，行政村个数由 563542 个减少到 526826 个，平均每年减少 4589 个。进一步地，按照村庄人口数量分组，200 人以下自然村个数从 2010 年的 1311448 个减少至 2016 年的 1200117 个，这种小规模的自然村平均每年减少约 1.9 万个。不可否认，自然村数量减少与合村并居、易地扶贫搬迁以及新农村建设等行政干预密切相关，但这种情况多发生于城镇近郊区，而上述许多村庄则是由于农村劳动力的持续外流而自然消失（项继权和周长友，2017）。除了上述事实数据之外，诸多学者也认为农村劳动力的不断流出将会引致农村经济的衰败甚至农村的消失（田毅鹏，2011；黄林楠和陈曦，2016）。

另外，人均耕地占有量方面，总体上依然呈小农户分散经营格局，但按照有效劳动力折算已初具规模。《2019 年全国耕地质量等级情况公报》数据显示，2019 年中国耕地面积为 20.23 亿亩，播种面积约为 25 亿亩。按照农业从业人口数量折算，20.23 亿亩耕地以及 25 亿亩的播种面积仍分散在 1.94 亿小农户手中，人均耕地面积为 10.43 亩（约合 0.7 公顷），户均播种面积为 12.89 亩（约合 0.9 公顷）。进一步地，按照有效劳动力折算，2019 年人均耕地面积则达到 24.98 亩，人均播种面积约为 30.86 亩。由此可见，从平均意义上来讲耕地面积已经具备了一定规模。但按照倪国华和蔡昉（2015）的测算结果，现有的土地经营面积仍然没有达到最优规模[①]，并且距离最优状态相差近 7 倍，同时与 2500 万最优的农业劳动力数量相差也很大。

但需要指出的是，最优土地经营规模的形成有赖于完善的土地流转市场和健全的农业社会化服务体系，即确保土地能够流向有效的经营者，实现土地与劳动力要素的优化匹配。事实上，土地流转市场的形成和发育是农业劳动力大规模流出，并形成劳动力供给约束的一种必然结果

[①]　倪国华和蔡昉（2015）认为，家庭农场的最优土地经营面积为 131～135 亩，种粮大户的最优土地经营面积为 234～236 亩。事实上，关于最优的土地经营面积问题研究学术界尚未达成共识。

（倪国华和蔡昉，2015）。但是，当前阶段而言，中国的土地流转市场仍然不完善（如2019年土地流转率约为36%），配套措施存在短板，导致大部分土地依然处于分散经营状态。与此同时，农业社会化服务尚处于发展阶段，服务供给难言普遍性和规模性。因此，土地由小农分散经营的格局将会持续很长时间。这可能引致的问题是，在土地规模化和服务规模化尚不能普遍实现的情境下，土地分散经营必然会削弱农业劳动力的供给，并且极容易形成劳动力供给约束。换句话说，如果人口城镇化速度与种植结构调整规模以及土地流转速度不相匹配，农户家庭同样会面临劳动力供给不足的问题。例如，2021年1月，中国人民大学食品安全课题组在山东省乐陵市的调查数据显示，西高村是一个以农业为主的农村，农村人口有1532人，2020年全村流动人口为1027人，占农村户籍人口总数的67.04%，并且流动人口年龄主要集中在17～60岁，且以男性为主，这一情况比2019年上升约2个百分点。由于大部分土地仍然分布在小农户家庭手里，老龄和女性群体成为经营农业的主力，从而面临着劳动力供给约束。

基于以上分析可以发现，宏观层面无论是乡村人口、农业从业人口、有效农业从业人口，还是村庄数量，均呈逐年递减趋势，而且相应的人口增长率也呈现负增长的常态化。微观层面案例村庄（上文中的西高村）内部近七成的劳动力流出，进一步加剧了农村空心化和老龄化问题。基于已有数据和研究，我们有理由认为人口城镇化已经形成了农业劳动力的供给约束，并且具有长期性和持续性的发展趋势。

3.2 逻辑框架

本书整体的逻辑框架可以用图3-2诠释，其中所涉及的核心变量（概念）之间的经济过程如下。

首先，农业劳动力供给约束初步形成（第4章）。人口城镇化形成农业劳动力供给约束，突出表现为农业劳动力的女性化、儿童化和老龄化，进而造成农业有效劳动力供给不足。为缓解上述约束，农户的应然策略则

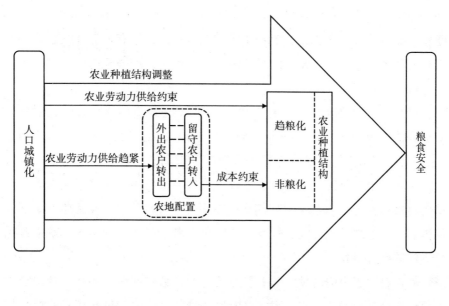

图 3-2 本书逻辑框架

是采取劳动力节约型的种植结构，即种植结构向趋粮化方向调整。本书称其为人口城镇化的趋粮化效应。尽管趋粮化有助于减少农业劳动力需求，但是必要的劳动力投入仍然不可避免（如监管、看护类工作）。这意味着以种植结构趋粮化来应对劳动力供给约束的策略存在失效的可能性，同时暗含着人口城镇化的趋粮化效应并非一成不变，这表明该效应具有明显的局部性特征。本书利用第 4 章内容对上述理论推演进行验证。

其次，农业劳动力供给约束逐步趋紧（第 5 章）。人口城镇化持续发展，农户家庭劳动力不断流出，这意味着劳动力供给约束将逐步收紧。当种植结构趋粮化不能有效放松上述约束时，为实现收益最大化的目标，农户的一种次优策略则是将农地转出，交由他人经营，从而获取稳定的流转租金。本书称其为人口城镇化的农地转出效应。按照逻辑推演，该效应是基于劳动力供给约束初步形成阶段后发生，因此人口城镇化的农地转出效应同样具有局部性特征。本书利用第 5 章验证上述分析。

再其次，农地流转市场上的种植结构调整（第 6 章）。农地进入流转市场并且逐步实现市场化，流转租金随之产生，从而使得农业经营成本显性化。换句话说，农户经营流转的农地除了进行一般性的生产性投入以外，还需要额外支付一定额度的流转租金，经营农业的固定成本被推高。随着"成本地板"的上升，农户则倾向在流转进来的农地上种植收益相对较高的经济作物，进而使得种植结构走向非粮化。本书利用第 6 章验证上述分析。

最后，全局效应检验（第 7 章）。按照上述逻辑演绎，人口城镇化将带来种植结构的趋粮化（农业劳动力供给约束初步形成阶段）与非粮化（农业劳动力供给约束逐步趋紧＋农地配置市场上的种植结构调整）两方面作用。由于农业种植结构与粮食数量直接且密切相关，这意味着人口城镇化对粮食安全（数量层面）同样存在正向和反向影响，但总体上呈现何种影响仍不可知，这形成了检验前者影响后者全局效应的动机。本书利用第 7 章进行直接验证。

需要进一步说明的是，本书重点关注粮食数量问题，并且在数量层面对粮食安全进行概念界定。因此，无论是种植结构的趋粮化还是非粮化均与粮食安全直接相关。这主要是因为种植结构决定着作物播种面积，而粮食总量由播种面积和单产共同表达。那么，在其他因素既定的条件下，种植结构必然决定着粮食数量的丰歉（田甜等，2015），即粮食安全水平的高低。换言之，种植结构显著影响粮食安全已经成为无争议的事实，因此无须再用数据和计量模型讨论二者相关或因果关系。基于上述考虑，本书不再利用实证的方法验证种植结构调整对粮食安全的影响。

3.3　人口城镇化与农业种植结构调整的理论分析

在分析人口城镇化与种植结构调整关系之前，有必要澄清粮食作物与经济作物之间明显的差别。具体来说，主要表现在以下三个方面。

第一，粮食作物的用工量相对较少，具有节约劳动力特征。如图 3－3 所示，粮食作物（包括稻谷、小麦和玉米）平均用工量从 2002 年的 11.5 天/亩缓慢降低至 2018 年的 4.81 天/亩。与之形成鲜明对比的是，露地经济作物（包括西红柿、茄子和黄瓜）与设施经济作物的用工量始终处于高位，并且设施经济作物用工量表现尤为突出。其中，露地经济作物用工量从 2004 年的 50.33 天/亩下降至 2018 年的 23.78 天/亩；设施经济作物同期由 73.93 天/亩下降至 56.46 天/亩。以 2018 年数据为例，露天与设施经济作物的用工量分别为粮食作物的 4.94 倍和 11.74 倍。因此，粮食作物与经济作物存在悬殊的用工需求，这也进一步导致在劳动力供给约束下形成了种植结构调整的响应。

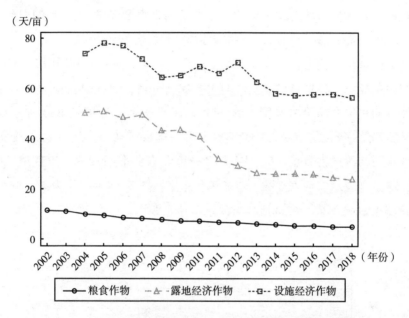

图 3-3　2002～2018 年粮食作物与经济作物用工量变动趋势

　　第二，粮食作物易于机械化作业，具有劳动力替代优势。粮食种植农艺的相对"标准化"更适宜于机械作业，而经济作物生产作业机械化的难度较大。数据显示，2019 年水稻、玉米和小麦三种粮食作物综合机械化率均超过 80%，其中水稻 81%、玉米 88%、小麦 95%，而农作物耕种收综合机械化率则刚刚超过 70%。[①] 相比较而言，经济作物受限于作业标准化问题，机械化率并不高。例如，2017 年棉花机收率为 28%，甘蔗主产区的机收率仅为 10%。这也是造成经济作物的用工需求显著高于粮食作物的最为关键的原因之一。

---

　　① 2020 年中国农业机械行业市场现状及发展前景分析 预计全年综合机械化率将达到七成 [EB/OL]. 前瞻产业研究院，2020－04－13.

第三，粮食投入产出的经济效益偏低，显著低于经济作物。数据显示，种植粮食作物毛收益从 2000 年的 113.78 元/亩上升至 2018 年的 298.11 元/亩，而露地蔬菜从 2004 年的 2331.90 元/亩增长至 2018 年的 3887.11 元/亩，其中 2018 年种植露地蔬菜的毛收益约是粮食作物的 13 倍；2018 年设施蔬菜毛收益达到 8703.48 元/亩，约是粮食作物的 29 倍。因此，农户如果增加粮食作物种植可相对减少劳动力投入；如果提高经济作物种植比例，则需要大规模提高劳动力投入，同时可以获得较高的经济效益。

下面进行理论分析。在上述基本前提下，本书进一步利用图 3-4 对人口城镇化与农业种植结构调整之间关系展开分析。首先设定粮食作物与经济作物的单位产品价格分别为 p_f 和 p_e，相应的单位种植成本分别为 c_f 和 c_e。假定农户家庭在农业部门与非农业部门配置劳动力，其中 L_a 为配置在农业部门的劳动力数量，L_u 为转移至城市非农业部门的劳动力数量，$L_u / (L_u + L_a)$ 则表示农户家庭的人口城镇化水平。图 3-4 中 L_u^* 为人口城镇化的阈值点，A^* 为农户家庭所拥有的承包地总规模。

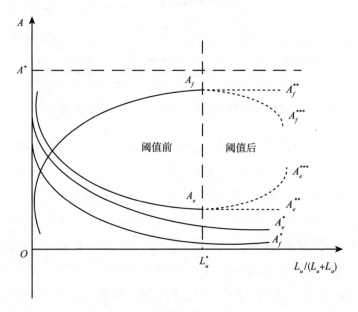

图 3-4　人口城镇化与种植结构调整

首先，$p_f > c_f$ 且 $p_e > c_e$ 条件下的分析。随着人口城镇化水平的提高，农业劳动力供给将逐步收紧，在劳动力供给约束下，农户倾向于选择劳动力节约型的种植结构，即趋粮化。此时粮食作物与经济作物种植规模的变化趋势分别为 A_f 和 A_e，即粮食种植规模逐步增加，经济作物种植规模相应减小。但是，人口城镇化跨过阈值点 L_u^* 之后，则不能继续通过调整种植结构放松劳动力供给约束，从而人口城镇化对种植结构的直接影响呈现 A_f^{**} 和 A_e^{**} 趋势（与横轴水平），即种植结构不发生显著变化。当然，农户也可能将选择将农地转出来缓解上述约束，进入流转市场的农地其种植结构将呈现 A_f^{***} 和 A_e^{***} 趋势，即粮食播种面积降低和经济作物播种面积趋高（该内容将在下一节做详细分析）。其次，$p_f < c_f$ 和 $p_e < c_e$ 情况下的分析。该条件下无论是种植粮食作物还是种植经济作物均面临明显亏损，此时粮食作物与经济作物的种植规模分别为 A_f^* 和 A_e^*，即二者均呈递减趋势。

基于以上分析，提出第一个研究假说。

H1：人口城镇化形成劳动力供给约束而正向影响趋粮化，并且该影响具有门槛特征。

3.4　人口城镇化与农地转出的理论分析

人口城镇化（农村劳动力非农转移就业）对农地转出行为的影响属于生产决策的研究范畴。根据理性经济人假设，农户通过在农业内部、农业与非农产业之间配置生产要素，并实现收益最大化目标。基于简洁性的考虑，我们作出如下三个假定：第一，农户投入劳动力和土地两种生产要素参与农业生产，并设定农户家庭劳动力和土地的资源禀赋分别为 L^* 和 A^*；第二，农业生产符合要素边际报酬递减规律，人口城镇化所能获取的非农就业工资外生给定，并设定为 w；第三，农户家庭劳动力具有同质性，且地块之间土地无显著质量差异。

本书利用图 3-5 对人口城镇化的农地转出行为的响应过程进行分析。具体来说，横坐标 A 为农户家庭土地资源，且 A^* 度量农户家庭拥有的土地要素总量；纵坐标 Y 和 L 分别表示农户家庭总收入和劳动力资源，其中 L^* 度量农户家庭所拥有的劳动力总量；家庭总收入 Y 由农业收入 Y_a 和人口城镇化获取的非农就业工资性收入 Y_u 共同表达，其中农业收入由农业总产出 Q 与农产品价格 k 表达，即 $Y_a = k \cdot Q$，非农就业工资性收入则由外出就业工资水平 w 与人口城镇化劳动力数量 L 共同表达，即 $Y_u = w \cdot L$；Q_1 和 Q_2 为劳动力和土地要素约束之下的等产量线，并且有 $Q_1 > Q_2$。

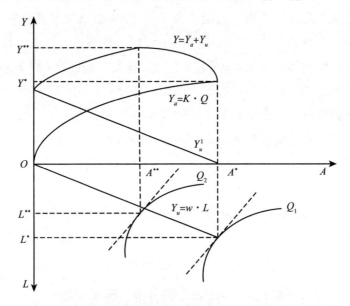

图 3-5　人口城镇化的农地转出行为响应

初始状态下，人口城镇化水平为 0，农户家庭则在要素禀赋约束下将劳动力和土地要素全部投入农业生产中，并在（A^*，L^*）处获得均衡，同时获得 Y^* 水平的家庭总收入（全部来自农业收入），此时农户家庭无农地转出行为，农地经营规模为 A^*。

当人口城镇化所能取得的非农就业工资 w 高于家庭劳动力投入农业生产的边际收益时，如果农户选择继续把劳动力投入农业部门，必然面临极高的机会成本。那么，理性的农户则会根据收入最大化目标调整要素分配策略，例如转移部分劳动力至非农产业，尝试提高从事农业生产的劳动力边际收益，并在（A^{**}，L^{**}）处再次取得均衡（经营农业的劳动力边际收益等于非农产业的劳动力边际收益），此时农户家庭人口城镇化水平为（$L^* - L^{**}$）$/L^*$。受到人口城镇化所形成的农业劳动力供给约束，对于农户家庭而言，（$A^* - A^{**}$）规模的农地无法再继续经营，从而可能会被释放至市场参与流转，即人口城镇化可能会引致农户农地转出行为。

进一步地，我们设定农业生产函数为柯布道格拉斯生产函数形式，即 $Y_a = kA^\alpha L^\beta$。其中 α 和 β 分别为土地和劳动力的产出弹性，且满足要素投入边际报酬递减规律。假定，非农就业工资 w、土地转出租金 r 以及农产品价格 k 均为外生给定。

那么，劳动力投入农业生产的边际收益可表达为：

$$\frac{\partial Y_a}{\partial L} = \beta k A^\alpha L^{\beta-1} \tag{3.1}$$

土地投入农业生产的边际收益为：

$$\frac{\partial Y_a}{\partial A} = \alpha k A^{\alpha-1} L^\beta \tag{3.2}$$

在式（3.1）和式（3.2）的基础上，我们进一步计算劳动力投入农业生产边际收益的导数和农地投入农业生产边际收入对劳动力的导数，并根据要素投入边际报酬递减规律可以得到式（3.3）和式（3.4）。

$$\frac{\partial^2 Y_a}{\partial L^2} = (\beta-1)\beta k A^\alpha L^{\beta-2} < 0 \tag{3.3}$$

$$\frac{\partial^2 Y_a}{\partial A \partial L} = \alpha\beta k A^{\alpha-1} L^{\beta-1} > 0 \tag{3.4}$$

理性的农户以收益最大化为目标，相应的目标函数则可以表达为：

$$\max\left[Y_a + (A^* - A)\cdot r + (L^* - L)\cdot w\right] \tag{3.5}$$

式（3.5）中，Y_a 为家庭农业收入；$(A^* - A)\cdot r$ 为农地转出租金收入；$(L^* - L)\cdot w$ 为人口城镇化形成的非农就业工资性收入。

假设要素市场是完全竞争的。那么，从农户家庭角度讲，劳动力和土地实现最优配置的均衡条件分别为：

$$\frac{\partial Y_a}{\partial L} = w \tag{3.6}$$

$$\frac{\partial Y_a}{\partial A} = r \tag{3.7}$$

换言之，在资源实现最优配置的情形下，劳动力投入农业生产的边际收益等于人口城镇化所能实现的非农就业工资性收入（Holmes and Mitchell，2008）。与此同时，土地投入农业生产所能获取的边际收益等于农地转出获取的流转租金。

根据上述基本设定，式（3.3）意味着投入农业生产的劳动力边际收益随着劳动力投入的增加而降低；式（3.4）则表明土地投入农业生产的边际收益随着投入农业生产的劳动力数量的增加而逐步提高。据此，在家庭总收入（Y）和劳动力（L）的坐标系下可以绘出$\frac{\partial Y_a}{\partial L}$和$\frac{\partial Y_a}{\partial A}$的变动趋势图（见图3-6）。

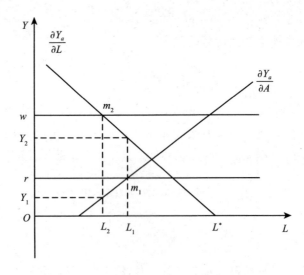

图3-6 人口城镇化影响农地转出的门槛特征

与上文相应符号表达的含义一致，L^*为农户家庭劳动力资源禀赋，在区间 $[L^*, L_1]$，人口城镇化所能获取的非农就业工资性收入 w 明显高于劳动力投入农业生产时取得的边际收益$\frac{\partial Y_a}{\partial L}$，此时人口城镇化将迅速推进（农村劳动力流出，并参与城市非农就业）。与此同时，该区间土地投入农业生产所能获取的边际收益$\frac{\partial Y_a}{\partial A}$依然高于土地转出租金 r。尽管农户家庭面临劳动力供给约束，但土地转出行为并不会发生，农户家庭可能会采取调整种植结构等策略，一方面缓解劳动力供给约束，另一方面获取高于土地转出租金的农业收入。

当劳动力转移规模进入区间 $[L_1, L_2]$ 之后，人口城镇化所能获取的非农就业工资性收入 w 依然高于劳动力投入农业生产所取得的边际收益 $\partial Y_a / \partial L$。在此情境下，人口城镇化将继续推进（农户家庭劳动力流出）。但是，在该区间土地投入能够得到的边际收益 $\partial Y_a / \partial A$ 已经小于土地转出租金 r。当农户家庭面临的劳动力供给约束进一步趋紧时（$L_1 \rightarrow L_2$），基于收益最大化的考虑，农户则会采取农地转出策略。

基于以上分析可以发现，农户家庭人口城镇化并不必然引致农地转出行为的发生，而是具有典型的阶段性特征。具体来说，农户家庭人口城镇化水平小于某一比例时，人口城镇化并不会显著促进农地转出；农户家庭人口城镇化水平一旦超过该比例，人口城镇化则会显著促进农地转出。由此提出第二个研究假说。

H2：人口城镇化对农地转出具有显著正向影响，并且存在门槛效应。

3.5　农地流转与农业种植结构调整的理论分析

3.5.1　成本收益：直接影响

中国政府高度重视粮食安全治理，并形成了"米袋子"省长负责制、最低收购价以及种粮农民直接补贴等直接措施，也取得了比较显著的成效。但是，粮食安全的公共性使其具有"准公共品"属性，削弱了政策干预对农户行为的影响，从而进一步促使农户严格按照自身收益最大化的标准来选择行为方式，这为从理性经济人的假定出发分析农户行为提供了基础。从本书关注的种植结构调整问题来看，转入农地后农户从事农业生产活动，除了进行标准化的农业经营性投资之外，往往还需要额外支付一笔流转租金，并且该部分租金在农户种粮亩均净收益中的占比高达 20% ~ 80%[①]。一方面，在租金成本居高不下，以及追求高额利润动机的驱使下，农户可能会将生产要素更多地配置到比较效益更高的经济作物上，例如增加蔬菜、瓜果以及药材等经济作物的种植面积，即农地转入可能会促进种

---

① 根据山东省德州市的调研数据计算得到。

植结构非粮化调整，从而对国家的粮食生产与数量安全造成冲击。另一方面，农地转入提高了与农户家庭劳动力要素的匹配度，有助于种植结构的非粮化调整。具体来说，相较于农地未转入者，农地转入者的人力资本水平一般比较高，表现为年轻化、知识化、专业化以及技术化等特征。为了进一步提高要素的匹配度，并试图从农地中获取更高的经济性收益，农户可能倾向种植劳动力密集型且比较收益更高的经济作物，即农业种植结构可能转向非粮化。

3.5.2　风险偏好：调节效应

从事农业生产经营既面临自然风险，也面临市场风险。由于种植经济作物具有更高的资产专用性，生产和经营条件也更为严苛（如修建大棚、购置加温设备等），在自然风险面前经济作物则表现出更高的脆弱性，即面临的自然风险比较高。同时，由于经济作物缺乏政府的保护性价格支持，面临的市场风险相应较高。这意味着，无论是自然风险还是社会风险，种植经济作物远远高于种植粮食作物（韩旭东等，2020）。与农户风险偏好相匹配，农地转入对种植结构调整的影响可能会受到农户风险偏好强度的调节，即前者对后者的影响效应可能具有农户风险偏好的情境依赖特征。

风险偏好是指个体对预期不确定性（正面或负面）所表现出的一种心智状态或反应策略，是人们感知决策情境和制定行为决策的关键前导因素（Tversky and Kahneman，1981；Tufano，1996；齐琦等，2020）。在风险社会中，受个人禀赋、决策环境以及对信息的收集与处理能力的影响，个体在风险偏好方面表现出显著的差异（Weber et al.，2002），从而也导致个体之间某些行为决策的不一致。其中，风险偏好者在面对预期不确定时一般会表现出比较积极的态度，并作出积极的行为决策，而风险厌恶者则往往表现为审慎的态度，遵循"避免灾难"和"安全考虑"的标准而采取比较保守的行为（Fellner and Maciejovsky，2007；高杨和牛子恒，2019）。

聚焦于本书考察的农地转入与种植结构调整关系问题。一般来讲，农户生产行为往往是一个复杂的决策过程，尤其是在生产风险不可控和信息不对称情境下，农户的经营决策不仅要考虑收益的最大化，同时还会考虑风险的最小化（高杨和牛子恒，2019）。从农户的种植结构非粮化调整这一行为来看，尽管种植经济作物比种植粮食有更大的净利润空间，但实施种植结构调整的决策也存在很大的风险。一是成本投入风险。一般地，种植结构的非粮化调整需要修建仓储大棚、铺设灌溉设施以及培育种子种苗等大量的前期成本投入，同时也面临着更高的时间成本，并且上述投资均具有极强的锁定性，农户的投资与短期收益风险会增加。二是收益不确定性风险。种植结构非粮化调整会面临更高的产品市场不确定性，尤其是价格方面，新产品市场中农户往往处于信息劣势端，议价能力不足。加之经济作物的价格波动频繁、浮动比较大且缺乏政府的保护性价格支持，农户可能并不能很好地把握价格规律。三是农户专业技术适配性不足风险。与种植粮食作物不同，经济作物需要专业的栽培修整技术，并且作物的整个生长期需要精细化的管护，对专业化技能要求更高，当农户所掌握的技术不能与结构调整的需求相匹配时，实现预期收益将会严重缩水。四是农业补贴损失风险。种植结构非粮化调整，农户可能不再满足享受农业支持保护补贴（如粮食直补、良种补贴以及农资补贴，2019 年合并为农业支持保护补贴）的条件，农户获取补贴收益的风险增加。

由于种植结构的非粮化调整可能会面临诸多的风险冲击，此时农户的行为决策更多的是基于对结构调整的收益与风险的评估，进而会受到预期收益与农户风险偏好等因素的影响。事实上，农户的风险偏好程度往往具有不同的特征，有些农户对未知风险表现出强烈的偏好，而有些则持明显的厌恶态度。这意味着，偏好风险的农户由于对高风险下的高收益比较积极乐观，从而可能更倾向于在转入农地后提高经济作物的种植比例。然而，厌恶风险的农户则可能不倾向于在转入农地后进行种植结构的非粮化调整，或者不倾向进行大比例调整，以期实现稳定预期收益的目的。

综上所述，农地转入对种植结构调整的影响机制以及农户风险偏好在其中的作用路径如图 3-7 所示。

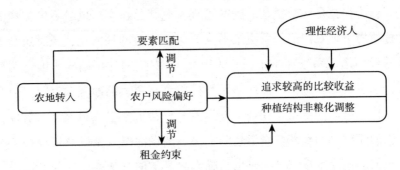

图 3-7　农地转入与种植结构调整的理论框架

基于以上分析，提出第三个研究假说。

H3：转入农地的农户倾向提高经济作物种植比例，促使农业种植结构走向非粮化。

进一步地，在该研究假说下还可以推演出如下两个假说。

H3-1：农户风险偏好促进种植结构走向非粮化；

H3-2：农户风险偏好在农地转入对非粮化的影响过程中发挥正向调节效应。

3.6　本章小结

本章基于已有的研究和实际数据证实人口城镇化给农业劳动力的有效供给带来显著影响，并且形成具有长期性和持续性特征的农业劳动力供给约束，为本书的核心逻辑寻找到事实依据。在此基础上，按照人口城镇化形成农业劳动力供给约束的分析逻辑，从理论上探究了人口城镇化与农业种植结构调整、人口城镇化与农地转出以及农地流转与种植结构调整之间的关系。从而从理论上搭建起"人口城镇化—农业劳动力供给约束—种植结构调整和农地流转—粮食安全"的分析框架。

基于理论分析，本章提出以下四个主要的研究假说：第一，人口城镇化有助于促进种植结构趋粮化，并且该影响效应具有门槛特征；第二，人口城镇化对农地转出具有显著正向影响，并且存在门槛效应；第三，农地转入有助于提高经济作物播种面积占比，即促使农业种植结构走向非粮化。此外，在第三个研究假说之下可进一步推演出两个子假说：一是农户风险偏好促进种植结构走向非粮化；二是农户风险偏好在农地转入对非粮化的影响过程中发挥正向调节效应。

第 4 章

人口城镇化与农业种植结构调整

4.1 引言

农业种植结构调整是农业产业结构战略调整的重要内容，尤其是对于拥有 14 亿人口的中国而言，农业种植结构变化能够直接影响人民生活、农民增收以及食物的有效供给（黄玛兰和李晓云，2019）。如果种植结构调整跨越了为保障粮食安全而设定的各种红线，将不可避免地对粮食安全造成威胁。因此，从农户的角度讲，生产要素禀赋的改变必然会促使农作物的种植数量与种植结构等决策行为发生相应变化。相比较而言，经济作物（如蔬菜、药材及花卉等）种植具有劳动密集以及作业质量难以考核等特征。然而，粮食作物的劳动消耗则主要集中在整地、插播和收割环节，并且易于机械化作业（如 2019 年水稻、玉米和小麦三大粮食作物综合机械化率均超过 80%，其中水稻 81%、玉米 88%、小麦 95%①），相应的劳动监督成本也比较低，这决定了粮食作物生产在农业分工上更具有优势（仇童伟和罗必良，2017），同时也成为劳动力供给约束下的一种理性选择。

人口城镇化带来了农村居民家庭收入的增长以及收入来源的多元化（宋元梁和肖卫东，2005；Arouri et al.，2017；Vandercasteelen et al.，

---

① 2020 年中国农业机械行业市场现状及发展前景分析 预计全年综合机械化率将达到七成 [EB/OL]. 前瞻产业研究院，2020 – 04 – 13.

2018；高延雷等，2019），与此同时，大量农业劳动力非农转移也逐步形成了农业劳动力供给约束，尤其是青壮年劳动力的流出使得农村出现了严重的儿童化、妇女化和老龄化问题（张红宇，2011；邹湘江和吴丹，2013；刘华军和刘传明，2016）。因此，在人口城镇化影响之下，农户家庭农业经营中的资本、劳动力以及土地等生产要素配置将不可避免地发生相应的调整和变化，并由此对农业种植结构调整带来冲击。实际上，人口城镇化与农业种植结构调整存在十分复杂的关系，但正如上文所述，重点表现为两条逻辑。第一，人口城镇化带来劳动力供给约束会促使农户倾向于参与劳动较不密集的粮食作物种植，而减少参与劳动相对密集的经济作物生产，或者是采取粗放式经营，例如降低复种指数（多季种植改单季）以及偏远地块弃种抛荒等，造成土地利用失去经济优势（陈风波和丁士军，2006；Schmook et al.，2008；钱文荣和王大哲，2015）。第二，人口城镇化带来的工资性收入增长以及较强的资金流动性可以缓解农户面临的流动性约束（李恒，2006），有助于提高土地投资水平和抗风险能力（Wu et al.，1997；胡浩和王图展，2003；钱文荣和郑黎义，2010），从而可能促使农户将生产重心转向投资回报率较高的经济作物[①]。按照上述逻辑，人口城镇化与农业种植结构调整的关系取决于劳动力供给与资金流入对决策行为影响的强弱。当农业劳动力供给约束趋紧而工资性收入并未大量投入农业生产时，人口城镇化可能会对农业种植结构趋粮化调整带来显著正向影响；但是，当务工收入足以缓解劳动力供给约束对农业种植结构调整的影响时，人口城镇化对农业种植结构调整的影响则十分有限。

从现有文献来看，关于人口城镇化与农业种植结构调整二者的关系问题学术界进行了比较丰富的讨论和研究，但尚未得出共识性结论。例如，刘乃全和刘学华（2009）研究认为，农村劳动力外出非农就业带来的收入增加和流动性约束缓解有助于经济作物播种比例的增加。徐明凡等（2013）利用时间序列数据研究发现，由于消费结构和偏好的改变，以及

---

① 根据《全国农产品成本收益资料汇编（2019）》数据，2018 年，三大主粮（包括稻谷、小麦和玉米）的平均净利润为 -85.59 元/亩，经济作物（以蔬菜为例）的平均净利润则高达 2690.93 元/亩。

在外用餐频率的上升，进一步带来蔬菜、水果、肉食以及水产品消费的增加，从而人口城镇化显著抑制了粮食作物的播种比例，提高了经济作物的种植比重，这与梁书民（2006）的理论逻辑与研究结论相一致。

另外，有研究强调，人口城镇化过程中农户的目标函数已经发生转变，由过去追求"安全第一"的粮食作物转向净收益较高的经济作物，从而引发农业种植结构非粮化（曾福生和周静，2017）。与上述研究观点不一致，有学者认为，由于粮食作物具有机械化程度高、劳动力投入少以及易于参与农业分工等优势，人口城镇化形成农业劳动力供给约束会促使农户转向种植粮食作物（钱文荣和郑黎义，2011；薛庆根等，2014；钟甫宁等，2016），尤其是在农村地区农业机械社会化服务逐步兴起并不断发育完善的情况下（Yang et al.，2013），人口城镇化对农业种植结构趋粮化调整的正向影响得到了进一步强化（罗必良等，2018）。王翌秋和陈玉珠（2016）进一步研究发现，劳动力外出务工会促使农户将务工收入用于机械投入来缓解劳动力供给约束，因此不会改变粮食作物的种植概率和种植比重。但是，当外出务工的劳动力是户主时，则会使农户家庭显著增加粮食作物的种植比重，从而相应减少经济作物的种植比例。另有一部分文献研究发现，由于农业社会化服务和机械化水平的提升，农村劳动力的女性化和老龄化并不会对种植业结构带来显著影响（胡雪枝和钟甫宁，2013；杨进等，2016）。

综上所述，已有文献为本章研究提供了丰富的理论基础与经验借鉴，但依然存在有待深入讨论和澄清的问题，具体表现在如下三个方面。第一，既然农业种植结构调整是劳动力供给约束下农户的一种理性决策行为，当人口城镇化处于变动调整状态时，劳动力转移以及相应的供给约束也必然具备动态特征。那么，在人口城镇化的不同发展阶段，其对农业种植结构调整的影响效应能否始终维持线性关系有待于进一步验证。第二，在理论上，人口城镇化与农业种植结构调整之间可能存在反向因果关系，即在考察人口城镇化对农业种植结构调整的影响效应时面临潜在的内生性问题。因此，有必要去尝试克服内生性问题，从而得到相对准确可靠的研究结论。第三，中国地域广阔，各个地区的资源禀赋、人口城镇化水平以及农业种植结构差异较大，这样就提高了总体与个体结论不一致的可能性。因此，有必要对整体结论做进一步的细化讨论，即探讨人口城镇化影响农业种植结构调整可能存在的异质性问题。

鉴于此，本章尝试从以下三个方面对现有研究做进一步深化。第一，采用门槛回归模型估计人口城镇化影响种植结构调整的结构突变点，把握二者关系的动态变化特征。第二，寻找有效的工具变量，并利用两阶段最小二乘法方法估计模型参数，尝试得到较为可靠的研究结论。第三，按照粮食功能区的划分标准，将总样本划分为粮食主产区、主销区和产销平衡区，进一步考察人口城镇化影响农业种植结构调整可能存在的异质性，试图对现有的研究结论做出一定程度的拓展，从而为差异化政策的提出提供理论基础。

4.2　数据、变量与模型

4.2.1　数据来源

本章所用数据包括 2000～2019 年中国 31 个省（区、市）共 620 个基准样本（平衡面板），香港、澳门和台湾地区由于主要数据缺失和统计口径不一致未包括在实证数据范围之内。需要进一步说明的是，在异质性讨论、稳健性检验以及内生性处理等具体的计量模型中，样本量会有些许变动，详细情况将在相应的模型和计量结果表格处注明。

数据来源方面，本章数据来源于各类统计年鉴。具体而言，农业种植结构数据来源于《中国统计年鉴》（2001～2020 年），2000～2004 年人口城镇化数据根据《中国人口统计年鉴》（2001～2005 年）中的数据计算得到，2005～2019 年数据则来源于《中国统计年鉴》（2006～2020 年）。其他控制变量中，需要重点说明的是道路网密度变量，由于该变量涉及耕地面积数据，基础数据来源于《中国统计年鉴》、国泰安数据库（CSMAR）以及国务院发展研究中心信息网。另外，其他控制变量的数据则来源于《中国统计年鉴》和《中国农村统计年鉴》。

4.2.2 变量选取

1. 被解释变量：农业种植结构

本章主要考察在农业劳动力供给约束下，农业种植结构是否发生趋粮化调整。故此，被解释变量农业种植结构采用谷物（包括稻谷、小麦和玉米）播种面积占农作物总播种面积比重来度量。需要说明的是，按照国家统计局的统计口径，粮食作物除了包含稻谷、小麦和玉米之外，还包含大豆和薯类。但是，考虑到大豆和薯类的作业方式（例如机械化）与谷物差别比较大，相应的种植结构调整逻辑可能与谷物不一致。另外，国家提出"谷物基本自给，口粮绝对安全"的粮食安全战略，重点强调谷物和口粮问题。因此，本章以谷物播种面积占农作物总播种面积比重来度量农业种植结构调整更契合本书的整体逻辑，同时与国家基本的粮食安全战略相匹配。

2. 核心解释变量：人口城镇化

在城乡二元结构长期存在的情境下，农村劳动力持续向城市流动并实现人口城镇化，特别是一些青壮年劳动力表现出更强的流动性，进而形成农业劳动力供给的刚性约束（如数量不足以及儿童化、妇女化和老龄化特征的劳动力质量短板），同时这也是理论上造成农业种植结构调整的主要机制。实证分析中我们用"城镇常住人口占总人口的比重"度量。另外，为考察劳动力转移地理区位、距离等特征对农业种植结构调整的影响，我们利用"乡村私营企业就业人数与个体就业人数之和占乡村人口的比重"构建人口城镇化指标。

3. 控制变量

本章在参考黄季焜等（2007）、吴清华等（2015）、杨进等（2016）、檀竹平等（2019）、林大燕和朱晶（2015）研究的基础上以及根据数据的可获得性，从人口特征、生产条件以及外部环境三个维度引入控制变量。其中，人口特征包含性别比、抚养比和受教育水平三个变量；生产条件包含农业机械拥有量、灌溉水平和农民收入三个变量；外部环境包括道路网密度和产业结构两个变量。控制变量的选择依据如下。

首先，人口统计学特征变量。农业劳动力具有非同质性特征，即不同劳动力所蕴含的人力资本和所能承受的劳动强度是有差异的。因此，有必要去控制一些人口统计学特征。实证模型中主要引入性别比、抚养比以及受教育水平三个变量。第一，性别比反映了省域内性别结构，性别比高则意味着男性人口数量越多，相应的有效劳动力供给则越多，从而可能会进一步影响农业种植结构。第二，抚养比反映了省域内年龄结构，抚养比高意味着省域内的年龄结构偏向儿童化和老龄化，一方面可以直接影响农业有效劳动力的供给。与此同时，被抚养人群的照料需求对家庭劳动力形成挤占效应，从时间分配的角度来讲会间接影响农业劳动力的供给，进一步可能会对农业种植结构造成影响。但是，从另一方面来讲，当家庭抚养比较高时，可能会造成家庭劳动力的空间锁定，即劳动力无法离开农户家庭，这样反而会提高有效劳动力的供给，从而对农业种植结构趋粮化调整带来负向影响。第三，受教育水平反映了劳动力素质和质量高低，是决定农户个体行为的重要因素，可能会对农业种植结构调整造成影响。

其次，生产条件变量。从农业生产条件相关变量来看，由于粮食作物的机械化作业水平要显著高于经济作物，农业机械拥有量越高，可能有助于农业种植结构偏向粮食作物方向调整。一方面，灌溉水平反映了农业灌溉条件，对于经济作物而言，特别是一些蔬菜作物用水量较高，对灌溉条件有更高的要求，灌溉水平越高可能有助于提高经济作物的种植比例，从而促使农业种植结构偏向非粮化。另一方面，灌溉条件在种植结构区位移动方面具有重要的作用。例如，中国粮食主产区逐步向北方常年灌溉区和补充灌溉区集中（常明等，2019），这可能会进一步提高粮食作物的播种比例。一方面，农民收入有助于放松农户面临的流动性约束，提高农业投资水平，可能有助于提高投资需求较高的经济作物种植；另一方面，农民收入中工资性收入的占比越来越高的现实情境下，从事农业生产经营的机会成本不断提高，从而又进一步促进向劳动力节约型种植结构调整，即有助于推动趋粮化。

最后，外部环境变量。道路网密度反映了运输条件，相较于玉米、小麦等粮食作物，经济作物对交通条件和市场区位具有较高的要求（梁书民等，2008），因此在道路基础设施较好的地区种植经济作物的比例可能会更高，即道路网密度可能会促进农业种植结构向非粮化方向调整。产业结构是以第二、第三产业增加值之和占地区生产总值的比重来度量，该变量对农民的就业结构具有直接影响。一般而言，第二、第三产业拥有较高的就业容纳率，可以为农业劳动力的非农就业提供更为广阔的安置空间，而农业劳动力向非农产业转移则有助于促使向劳动力节约型种植结构调整，从而影响农业种植结构。各变量的详细定义和描述性统计的结果如表 4-1所示。

表 4-1　　　　　　　　　　变量的定义与描述性统计

变量分类		变量名称	变量定义和度量单位	均值	标准差	最小值	最大值
被解释变量		农业种植结构	谷物（稻谷、小麦和玉米）播种面积占农作物总播种面积的比重	0.5348	0.1270	0.0345	0.8568
核心解释变量		人口城镇化	城镇常住人口占总人口的比重	0.5018	0.1563	0.2190	0.8960
控制变量	人口特征	性别比	男性人口数量与女性人口数量比值	1.0448	0.0383	0.9225	1.2317
		抚养比	少儿抚养比与老年抚养比之和	0.3691	0.0740	0.1732	0.5758
		受教育水平	受教育水平为小学及以上人口数占总人口数的比重	0.9113	0.0725	0.4141	0.9849
	生产条件	农业机械拥有量	单位播种面积拥有的机械总动力（单位：千瓦/亩）	0.3849	0.2221	0.0878	1.6417
		灌溉水平	有效灌溉面积占耕地面积的比重	0.5089	0.2217	0.1404	0.9902
		农民收入	农村居民人均可支配收入（单位：元），依据 CPI 剔除价格变动因素	73.1940	53.9286	13.2733	323.8556
	外部环境	道路网密度	公路里程与省级行政区划面积的比值（单位：公里/平方公里）	0.7139	0.4923	0.0188	2.1159
		产业结构	第二、第三产业增加值之和占地区生产总值的比重	0.8782	0.0661	0.6209	0.9973

4.2.3　模型设置

1. 门槛回归模型

为考察人口城镇化对农业种植结构调整的影响效应是否存在结构突变特征，本章借鉴汉森（Hansen，2000）的研究成果，设置如下门槛回归模型：

$$Y_{it} = \beta_0 + \beta_1 Urban_{it} + \beta_2 X_{it} + \tau_{it}，若 q_{it} \leqslant \gamma \tag{4.1}$$

$$Y_{it} = \varphi_0 + \varphi_1 Urban_{it} + \varphi_2 X_{it} + \eta_{it}，若 q_{it} > \gamma \tag{4.2}$$

式（4.1）和式（4.2）中，Y_{it} 是指农业种植结构（粮食作物播种面积占比）；$Urban_{it}$ 为核心解释变量，指省际层面人口城镇化水平；X_{it} 为可能影响农业种植结构调整的一系列控制变量；β_0、β_1、β_2 与 φ_0、φ_1、φ_2 为待估计参数或参数向量；q_{it} 为门限变量；γ 为待估计的门槛值；τ_{it} 和 η_{it} 为误差项，并且服从独立同分布。

实际上，该模型相当于一个分段函数模型：当 $q_{it} \leqslant \gamma$ 时，核心解释变量 $Urban_{it}$ 的系数为 β_1；而当 $q_{it} > \gamma$ 时，核心解释变量 $Urban_{it}$ 的系数为 φ_1，其他解释变量的系数也同时发生变化。

2. 面板 Tobit 模型

考虑到粮食作物播种面积占总播种面积的比重（粮食作物播种面积占比）数值为介于 0 ~ 1 的受限变量，如果采用传统的线性方法对模型直接进行回归可能会产生负的拟合值。因此，本章将采用处理受限因变量的面板 Tobit 模型来检验人口城镇化对农业种植结构调整的影响。模型具体形式如下：

$$Y_{it} = \alpha_0 + \alpha_1 Urban_{it} + \sum_j \beta_j x_{j,it} + \mu_i + \eta_{it} \tag{4.3}$$

式（4.3）中，Y_{it} 为 i 省（区、市）第 t 年的粮食作物播种面积比例；$Urban_{it}$ 为 i 省（区、市）第 t 年的人口城镇化水平；$x_{j,it}$ 表示 i 省（区、市）第 t 年第 j 个的控制变量；μ_i 代表个体效应标准差（个体误差）；η_{it} 代表随机干扰项标准差（随机误差）；α_0、α_1 和 β_j 均为待估计参数。

4.3 实证结果与分析

4.3.1 基准结果分析

首先进行门槛效果检验。设定单一门槛后得到的 F 统计量和 Bootstrap 抽样 300 次获得的 p 值（见表 4-2）。从门槛检验结果可以发现，人口城镇化的单一门槛效果通过了 10% 统计水平的显著性检验，说明存在一个门槛值。

表 4-2　　门槛回归的估计结果

门槛效果检验		
门槛类别	F 统计量	Bootstrap 抽样 300 次 p 值
单一门槛检验	44.92 *	0.0967
门槛值估计结果		
门槛变量	门槛值	
	估计值	95% 的置信区间
人口城镇化	0.8155	[0.7957, 0.8201]
模型参数估计结果		
解释变量	系数估计值	t 值[a]
人口城镇化（小于 0.8155）	0.2832 ***	3.29
人口城镇化（大于 0.8155）	0.1362	1.60
性别比	0.0638	0.46
抚养比	0.0383	0.43
受教育水平	−0.2811 **	−2.09
农业机械拥有量	0.0442 *	1.78
灌溉水平	0.1336 ***	3.15
道路网密度	0.0500	1.40
农民收入	0.0002	0.92
解释变量	系数估计值	t 值
产业结构	−0.5046	−1.22
常数项	0.9767 **	2.64

注：a. 此处为省级层面聚类稳健标准误对应的 t 值；*** 、** 和 * 分别表示双尾 t 检验在 1%、5% 和 10% 水平上统计显著。

　　进一步地，门槛估计值的检验结果显示，人口城镇化的门槛值为81.55%，并且该值在95%的置信水平上是显著的（见图4-1）。这表明在人口城镇化影响农业种植结构调整的过程中存在显著的单一门槛效应，意味着该影响具有结构突变特征。

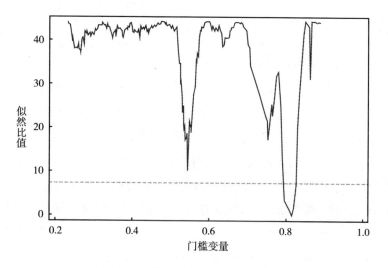

图 4-1　口城镇化门槛估计值检验

　　从表4-2门槛回归模型各参数的估计结果来看，在不同的区制（regime）内，人口城镇化对农业种植结构趋粮化调整的影响效应表现不一致。其中，人口城镇化小于门槛值0.8155时，人口城镇化显著促进农业种植结构的趋粮化调整；当人口城镇化跨过该门槛值时，人口城镇化对农业种植结构趋粮化调整的影响效应不再显著。从样本的分布情况来看，北京、天津和上海的人口城镇化分别在2005年、2012年和2000年跨过门槛值，然而其余省（区、市）均未跨过门槛值。这意味着北京、天津和上海地区人口城镇化并不会促进农业种植结构的趋粮化调整，其他省（区、市）上述影响效应显著。至此，本书提出的第一个研究假说得到证实。

　　进一步地，按照逻辑推演，上述影响效应主要来源于具有强流动特征的劳动力。由于人口城镇化变量采用城镇常住人口占总人口的比重来度量，其中包含一定比例弱流动性的户籍城镇化人口。例如，2019年人口城镇化率为60.60%，而户籍城镇化率为44.38%，二者相差约16个百分点。根据现有的数据，我们可以进一步计算出门槛值处的流动人口城镇化约为

37.17%。换言之，从全国层面来讲，当流动人口城镇化水平处在小于37.17%的区间时，农村劳动力流出将会显著促使农业种植结构的趋粮化。但是，流动人口城镇化水平跨过上述门槛值时，农村劳动力流出以及随之而来的农业劳动力供给约束并不会对农业种植结构调整带来显著影响。当然，这仅是一个比较粗略的计算，下文将设计严谨的实证策略对其进行准确估计，以深化对该问题的认识。

从边际效应来看，不难发现人口城镇化每增长 1 个百分点，粮食播种面积占总播种面积的比重相应提高约 0.28 个百分点（见表 4-2）。进一步地，为深入理解人口城镇化对农业种植结构的影响效应，我们基于实证结果进行局部均衡分析。根据现有公布的数据，人口城镇化由 2000 年的36.22% 上升至 2019 年 60.60%，年均增长约 1.28 个百分点。那么，在其他因素保持不变的条件下，人口城镇化促使粮食播种面积占比年均提高约0.36 个百分点。按照 2000～2019 年农作物总播种面积均值 23.90 亿亩计算，粮食播种面积年均提高约 860.4 万亩。由此可见，人口城镇化对粮食播种面积具有十分显著的影响。从"谷物基本自给，口粮绝对安全"的角度讲，人口城镇化有助于实现粮食安全预期目标。

事实上，上述结果为趋粮化现象提供了一个新解释：人口城镇化形成农业劳动力供给约束而促使种植结构走向趋粮化。劳动力供给约束是人口城镇化给农业带来的直接冲击之一，突出表现为农业劳动力的女性化、儿童化和老龄化。为减缓该冲击，农户的一种应然策略则是采取劳动力节约型的种植结构，即趋粮化。当然，按照人口城镇化形成农业劳动力供给约束的逻辑，人口城镇化水平持续提高意味着农业劳动力供给数量也将显著减少。在不同的劳动力供给约束状态下，农业经营行为必然具有动态性，这暗含着种植结构也会发生明显变化，这将在接下来的章节中进行具体分析。

从控制变量来看，受教育水平对农业种植结构趋粮化调整的影响显著且方向为负，表明受教育水平会降低粮食作物播种面积比例。这可能是由于较高的受教育水平匹配了经济类高值作物对高技能劳动力的需求，从而降低了粮食作物播种面积比例。农业机械拥有量变量的系数显著且为正，表明农业机械化水平的提高能够提升粮食作物播种面积比例，这可能与粮食作物较高的机械化率密切相关，当农业机械拥有量较高时，为最大限度摊薄固定成本，减少机械投入冗余，农户可能会选择种植更高比例的粮食作物。灌溉水平变量的系数在1%统计水平下显著且为正，表明有效灌溉条件可以显著促进粮食作物播种面积比例的提高，这与吴清华等（2015）、王翌秋和陈玉珠（2016）的研究结论一致。这可能是由于灌溉条件较好的地区，其相应的灌溉效率也较高，从而推动粮食主产区向北方常年灌溉区和补充灌溉区集中（常明等，2019），进而推高了粮食作物播种面积比例。

4.3.2　稳健性检验

1. 替换估计方法

为验证基准模型估计结果的稳健性，我们对人口城镇化水平大于81.55%的样本进行剔除处理，基于剩余样本，利用面板 Tobit 模型和固定效应模型对参数进行估计。需要进一步说明的是，关于面板数据的 Tobit 回归有两种常用模型：混合 Tobit 回归模型和随机效应 Tobit 回归模型。一般而言，在选择具体的模型时，一个基准的判定原则是依据似然比检验（LR 检验）的结果，表 4－3 报告了模型各参数和相关检验的估计结果。从 LR 检验的结果来看，个体效应显著存在，同时模型 ρ 值大于 0.8[①]，说明个体效应在解释农业种植结构调整时发挥了重要作用，在设置模型时需要考虑个体效应。表 4－3 还报告了 Tobit 模型和固定效应模型的估计结果。

表 4－3　　　　　　　　替换估计方法的估计结果

变量	Tobit 模型		FE 模型	
	系数	z 值	系数	t 值
人口城镇化	0.0861 *	1.81	0.0876 *	1.80
性别比	－ 0.1109	－ 1.30	－ 0.0867	－ 1.00
抚养比	0.0109	0.23	0.0229	0.47
受教育水平	－ 0.2852 ***	－ 3.41	－ 0.2847 ***	－ 3.25

---

① 所有无法观测的因素（即复合误差）由 μ_i 和 η_{it} 构成，方差比系数 ρ 代表个体效应的方差占复合误差总方差的比重，即 $\rho = \sigma_\mu^2 / (\sigma_\mu^2 + \sigma_\eta^2)$。

变量	Tobit 模型		FE 模型	
	系数	z 值	系数	t 值
农业机械拥有量	− 0.0087	− 0.32	− 0.0126	− 0.44
灌溉水平	0.0301	0.67	0.0372	0.75
道路网密度	0.0462 ***	3.80	0.0477 ***	3.82
农民收入	0.0004 ***	3.87	0.0004 ***	3.76
产业结构	− 0.5924 ***	− 5.63	− 0.6098 ***	− 5.66
常数项	1.3120 ***	8.97	1.2930 ***	8.72
个体效应	控制		控制	
组内 R^2	—		0.1731	
Hausman 检验 p 值	—		0.0011	
ρ	0.8580 *** (0.0329)		—	
LR 检验 χ^2 值	800.06		—	
对数似然值	857.21		—	
观测值	577		577	

注：*** 、* 分别表示双尾 t 检验在 1% 、10% 水平上统计显著；此处观测值为 577 是因为剔除了人口城镇化水平大于 81.55% 的样本。

由表 4 - 3 中的结果可见：Tobit 模型的对数似然值为 857.21，所对应的 p 值为 0.0000，说明模型总体拟合效果较好。从具体的系数估计值来看，人口城镇化系数估计值在 10% 统计水平下显著且方向为正，表明人口城镇化显著提高粮食作物播种面积占比，即促进农业种植结构的趋粮化调整。从固定效应模型的估计结果来看，人口城镇化对粮食作物播种面积占比具有显著的正向影响（见表 4 - 3 第 3 列）。具体而言，人口城镇化水平每提高 1 个百分点，粮食作物播种面积占比相应上升约 0.09 个百分点。

2. 剔除弱流动性样本

基准模型中的人口城镇化变量采用城镇常住人口占总人口的比重度量。由于城镇常住人口中存在一定比例的非农劳动力（例如城镇户籍人口），取得城镇户籍的群体在城乡之间的流动性比较差，农业经营活动的参与度相应偏低。尽管各省（区、市）的城镇户籍人口占比具有很大的随机性，但实证层面可以将其视为一种随机冲击，并不会对模型参数的一致性和无偏性造成显著影响。但是，为验证基准模型估计结果的稳健性，提高研究结论的可信性，此处以城市户籍人口为划分依据，将户籍人口城镇化数据剔除，仅保留流动性较强的样本，然后利用门槛回归模型对数据进行拟合。模型各参数的估计结果如表4-4所示。

表4-4　　　　　　　剔除弱流动性样本的估计结果

门槛效果检验		
门槛类别	F 统计量	Bootstrap 抽样 300 次 p 值
单一门槛检验	41.69*	0.0712
门槛值估计结果		
门槛变量	门槛值	
	估计值	95% 的置信区间
人口城镇化	0.3842	[0.3318, 0.4059]
模型参数估计结果		
核心解释变量	系数估计值	t 值[a]
人口城镇化（小于0.3742）	0.3140***	4.01
人口城镇化（大于0.3742）	0.2391	1.19
控制变量	系数估计值	t 值
性别比	0.1022	0.53
抚养比	0.0450	0.71
受教育水平	-0.3037***	-4.25
农业机械拥有量	0.1217**	2.41
灌溉水平	0.1721***	3.72
道路网密度	0.0594	1.27
农民收入	0.0003	0.74
产业结构	-0.5816	-1.04
常数项	0.8193***	4.20

注：a. 此处为省级层面聚类稳健标准误对应的 t 值；***、**和*分别表示双尾 t 检验在1%、5%和10%水平上统计显著；数据方面，有些省份（如上海、河北、湖北等）或年份（如天津只公布了2000~2015年的数据）的户籍人口城镇化暂无统计数据，主要利用人口普查数据进行补充。

从参数估计结果可以发现，在剔除弱流动性样本后人口城镇化对农业种植结构趋粮化的影响依然具有显著的门槛效应，门槛值为38.42%。具体而言，在小于该门槛值的区制内，人口城镇化显著提高粮食播种面积占比，进入大于上述门槛值的区制后，前者对后者的影响效应消失。与基准模型中核心解释变量的系数相比，剔除弱流动性样本后人口城镇化对农业种植结构趋粮化的影响效应略有提高，系数方向保持高度一致。与此同时，其他控制变量的系数估计值在方向上与基准模型相统一，仅在系数大小方面略有差异。

4.3.3　考察内生性问题

在考察人口城镇化对农业种植结构调整带来的影响效应时可能面临内生性问题，导致参数估计结果的有偏和不一致。具体分析来看，造成内生性问题的可能原因是反向因果关系：在土地数量相对稳定的情况下，农户可以通过农业种植结构调整对家庭劳动力进行优化配置（刘乃全和刘学华，2009）。换言之，粮食作物播种面积比例较高的地区，由于机械化作业水平和效率也更高，进而对农业劳动力形成的替代效应越大，从而可能有助于促使农户家庭劳动力流出，即实现人口城镇化。这意味着粮食播种面积占比越高的地区人口城镇化水平也越高。

为克服潜在的内生性问题，我们尝试寻找人口城镇化的工具变量并利用两阶段最小二乘法（IV-2SLS）对模型进行再估计。具体来说，参考崔万田和何春（2018）、王智波和李长洪（2015）的研究结论，选择滞后一期的人口城镇化作为内生变量的工具变量。由于滞后一期人口城镇化作为一种已经发生的结果，当期农业种植结构调整并不会对其产生影响，从而可以阻断双向因果问题，即满足外生性条件。与此同时，同一地区时间序列的人口城镇化具有高度的自相关性，从而满足工具变量的相关性条件。模型各参数的估计结果如表4-5所示。

表4-5　　　　　　　　　引入工具变量后的估计结果

变量	第一阶段		第二阶段	
	系数估计值	t 值	系数估计值	z 值
人口城镇化（当期）	—	—	0.1593 **	2.38
人口城镇化（滞后一期）	0.7257 ***	28.94	—	—
性别比	-0.0969 **	-2.21	-0.0733	-0.85
抚养比	-0.0751 ***	-2.86	0.0500	0.96

变量	第一阶段		第二阶段	
	系数估计值	t 值	系数估计值	z 值
受教育水平	0.0814	1.51	− 0.2391 **	− 2.27
农业机械拥有量	− 0.0189	− 1.27	0.0034	0.12
灌溉水平	− 0.0202	− 0.80	0.0395	0.81
道路网密度	0.0161 **	2.42	0.0458 ***	3.44
农民收入	0.0003 ***	5.60	0.0003 **	2.49
产业结构	0.1006 *	1.74	− 0.7112 ***	− 6.25
常数项	0.0930	1.09	1.2814 ***	7.73
个体效应	—		控制	
组内 R^2	0.9115		0.1741	
弱工具变量检验 F 值	581.40		—	
观测值	547		547	

注: *** 、** 和 * 分别表示双尾 t 检验在 1% 、5% 和 10% 水平上统计显著;此处剔除了人口城镇化水平大于 81.55% 的样本。

从工具变量的检验结果来看,第一阶段弱工具变量检验的 F 值显著大于通常的标准(即 F 值为 10),说明不存在弱工具变量问题。在考虑内生性的情况下,人口城镇化系数显著且方向为正(见表 4 - 5 第 3 列),即人口城镇化有助于提高粮食播种面积占比,而且与上文固定效应模型①的参数估计值相比,系数大小和显著性(从 10% 提高至 5%)均有明显提高,但作用方向保持高度一致。事实上,上述结果也进一步验证了基准模型结果的稳健性以及研究结论的可靠性。

4.4   进一步拓展

4.4.1   分粮食功能区考察

尽管上述结果能够揭示人口城镇化对农业种植结构调整的整体影响,

---

①   工具变量的估计结果与门槛回归以及面板 Tobit 回归结果均不具有可比性,此处仅与固定效应模型的估计结果作比较。

但忽略了中国不同区位的经济发展状况、资源禀赋存在较大差异这一客观事实。一般而言，各个粮食功能区①在人口城镇化、农业种植结构以及生产要素禀赋等方面存在显著的系统性差异。为刻画各粮食功能区人口城镇化影响农业种植结构调整的异质性，本章将对粮食主产区、主销区以及产销平衡区进行分样本考察。需要进一步说明的是，为确保估计结果的无偏性和一致性，我们保留人口城镇化小于门槛值 81.55% 的样本，并且利用两阶段最小二乘法对模型进行估计。模型各参数的估计结果如表 4-6 所示。

表 4-6　　　　　　　　各粮食功能区的估计结果

变量	主产区		主销区		产销平衡区	
	第一阶段	第二阶段	第一阶段	第二阶段	第一阶段	第二阶段
人口城镇化（当期）	—	0.0812 (1.39)	—	0.8820 *** (6.70)	—	0.1287 ** (2.43)
人口城镇化（滞后一期）	0.8862 *** (25.27)	—	0.7511 *** (9.52)	—	0.6376 *** (14.46)	—
性别比	−0.0402 (−1.06)	−0.1492 (−1.13)	−0.0399 (−0.39)	0.0688 (0.54)	−0.0731 (−0.70)	−0.0466 (−0.34)
抚养比	−0.0324 (−1.56)	0.1320 * (1.81)	−0.2026 ** (−2.19)	0.2474 ** (1.99)	−0.1002 * (−1.78)	−0.2229 *** (−2.96)
受教育水平	0.0217 (0.46)	−0.1408 (−0.86)	0.2120 (0.98)	−0.2400 (−0.87)	0.0997 (1.03)	−0.0694 (−0.54)
农业机械拥有量	0.0101 (0.69)	0.0377 (0.75)	0.0887 (0.94)	0.2971 ** (2.49)	−0.0306 (−1.05)	−0.0097 (−0.25)
灌溉水平	0.0196 (1.13)	0.1102 * (1.83)	−0.0775 (−1.20)	0.0064 (0.08)	−0.0378 (−0.55)	0.0725 (0.81)
道路网密度	0.0011 (0.20)	0.0498 *** (2.63)	−0.0364 (−1.06)	0.1057 ** (2.41)	0.0262 (1.64)	0.0129 (0.60)

①　根据《国家粮食安全中长期规划纲要（2008—2020）》的标准，本书将全国划分为粮食主产区、主销区和产销平衡区。其中，主产区包括辽宁、吉林、黑龙江、内蒙古、河北、山东、安徽、江苏、江西、河南、湖南、四川和湖北 13 个省（区）；主销区包括北京、上海、天津、浙江、海南、广东和福建 7 个省（市）；产销平衡区包括山西、广西、重庆、云南、贵州、西藏、陕西、甘肃、青海、宁夏和新疆 11 个省（区、市）。

续表

变量	主产区		主销区		产销平衡区	
	第一阶段	第二阶段	第一阶段	第二阶段	第一阶段	第二阶段
农民收入	0.0001 ** (2.06)	0.0009 *** (4.96)	0.0002 (1.45)	0.0006 *** (3.10)	0.0007 *** (4.72)	0.0004 ** (2.07)
产业结构	0.0739 ** (2.10)	− 0.5216 *** (− 4.12)	− 0.0798 (− 0.31)	− 0.9413 *** (− 2.99)	− 0.0855 (− 0.46)	− 1.1488 *** (− 4.77)
常数项	0.0538 (0.89)	0.9913 *** (4.68)	0.1659 (0.51)	0.9292 ** (2.31)	0.2407 (1.14)	1.6847 *** (6.04)
个体效应	—	控制	—	控制	—	控制
组内 R^2	0.9811	0.5542	0.9004	0.3446	0.8522	0.2897
弱工具变量检验 F 值	1295.06	—	76.37	—	121.11	—
观测值	247		91		209	

注：***、** 和 * 分别表示双尾 t 检验在 1%、5% 和 10% 水平上统计显著；此处剔除了人口城镇化水平大于 81.55% 的样本；第一阶段括号内数值为 t 值，第二阶段括号内数值为 z 值。

从结果可以发现，粮食主产区人口城镇化对农业种植结构调整的影响并不显著。这可能是由于主产区粮食播种面积占比较高（基础禀赋），在面临农业劳动力供给约束时农业种植结构调整缺乏必要的弹性。2019 年的数据显示，主产区的粮食播种面积占农作物总播种面积的比例为 76%，谷物（仅包括稻谷、小麦和玉米，未包含豆类和薯类）播种面积占比为 66%，比主销区分别高 26 个和 23 个百分点，同样比产销平衡区分别高 17 个和 14 个百分点。粮食主销区和产销平衡区人口城镇化对农业种植结构的趋粮化调整均具有显著的正向影响。从系数估计值的大小来看，主销区明显大于产销平衡区（前者约是后者的 7 倍）——这可能与主销区的粮食播种面积占比低于产销平衡区有关——进而导致前者的种植结构调整弹性比较大，从而在面临人口城镇化形成的农业劳动力供给约束时，种植结构调整表现出更大的弹性。

4.4.2　对人口城镇化距离效应的考察

空间上，人口城镇化距离意味着所面临的务农成本不同，进而劳动力要素的配置策略也会发生显著变化，从而可能对农业种植结构调整的影响具有差异性。具体而言，基准模型中人口城镇化的度量方法是城镇常住人口占总人口的比重，即农村劳动力流动的空间范围主要集中在由村至镇（县、市）的长距离①移动。与此同时，随着乡村振兴战略的深入实施，以中心村为载体，民营企业、乡村康养基地等产业逐步发展起来。由此产生了农业劳动力在村内或村间短距离转移并实现非农就业，也能享受与城市相似的基础设施和公共服务，从而形成了农村劳动力就地就近转移的新格局。

需要进一步指出的是，空间上短距离的人口城镇化具有"离土不离乡"的特征，鉴于较低的交通成本和灵活的就业方式，农户可能会重新配置并充分利用劳动力资源。从农户家庭的角度讲，农村人口就地就近转移所面临的劳动力供给约束比较小（檀竹平等，2019）。那么，在这种情境下，人口城镇化是否还会引致农业种植结构的显著变化呢？为此，借鉴庞新军和冉光和（2017）的方法，采用乡村私营企业就业人数与个体就业人数之和占乡村人口的比重来度量短距离人口城镇化，并考察其对农业种植结构调整的影响效应。模型各参数的估计结果如表4-7所示。

表4-7　　　　　　　　考察人口城镇化距离效应的估计结果

变量	Tobit 模型		FE 模型	
	系数	z 值	系数	t 值
人口城镇化（短距离）	-0.0292	-0.44	-0.0314	-0.52
性别比	-0.1208	-0.83	-0.0962	-0.65
抚养比	0.0021	0.02	0.0106	0.11
受教育水平	-0.2605 **	-2.01	-0.2594 *	-1.95
农业机械拥有量	-0.0177	-0.26	-0.0218	-0.42
灌溉水平	0.0252	0.24	0.0300	0.25
道路网密度	0.0542	1.46	0.0560	1.45
农民收入	0.0005 **	2.16	0.0005 **	2.12
产业结构	-0.5613	-1.32	-0.5808	-1.47
常数项	1.3146 ***	3.15	1.2968 ***	3.41

---

① 此处的"长距离"是指一般意义上的人口城镇化，这样表达是为了与"短距离"相区别。

变量	Tobit 模型		FE 模型	
	系数	z 值	系数	t 值
个体效应	控制		控制	
组内 R^2	—		0.1696	
Hausman 检验 p 值	—		0.0073	
ρ	0.8577 *** (0.0387)			
LR 检验 χ^2 值	808.86		—	
对数似然值	855.98			
观测值	577		577	

注：***、** 和 * 分别表示双尾 t 检验在 1%、5% 和 10% 水平上统计显著；此处观测值为 577 是因为剔除了人口城镇化水平大于 81.55% 的样本。

从模型的估计结果可以发现，无论是 Tobit 模型还是固定效应模型，人口城镇化（短距离）系数估计值为负数，相应的 z 值和 t 值表明系数高度不显著，这说明短距离人口城镇化并不会对农业种植结构调整带来显著影响。尽管该结果不显著，但至少可以支持农业种植结构调整与劳动力供给状况是密切相关的。由于空间上短距离的人口城镇化面临的通勤成本比较低，农业劳动力具有较高的流动弹性，农户可以通过兼业化的方式为农业提供必要的劳动力支撑，不再能够形成农业劳动力供给约束，农业种植结构调整则不会切实发生。

4.5　本章小结

人口城镇化形成农业有效劳动力的供给约束。特别是年纪轻、身体素质好、务农技术水平高群体的城镇化，必然对农村劳动力市场造成更大的冲击，从而使得农业劳动力的投入数量和质量持续降低，农业经营方式和布局随之调整。为放松人口城镇化带来的农业劳动力供给约束，农业种植结构可能向劳动力节约型调整，即农业种植结构走向趋粮化。为检验上述逻辑推演的自洽性，本章基于 2000～2019 年中国 31 个省（区、市）的面板数据，利用门槛回归模型分析人口城镇化对农业种植结构趋粮化的影响。

本章主要有以下四点新发现。第一，人口城镇化显著促进趋粮化，但具有门槛特征。具体地，考察期内人口城镇化的门槛值为81.55%，剔除城乡弱流动性样本后的门槛值为38.42%，在小于门槛值的区间内人口城镇化对趋粮化具有显著的正向影响，即人口城镇化有助于提高粮食播种面积占比。但是，跨过门槛值后影响效应消失。从实际情况来看，北京、上海和天津分别在2005年、2000年和2012年跨过门槛值，而其他省（区、市）均未跨过门槛值（截至2019年）。

第二，各粮食功能区人口城镇化对趋粮化的影响具有显著差异。分别考察粮食主产区、主销区以及产销平衡区人口城镇化带来的趋粮化效应。其中，主产区人口城镇化对趋粮化的影响不显著；主销区和产销平衡区人口城镇化的趋粮化效应均显著，并且主销区的影响效应明显大于产销平衡区。

第三，空间上就地城镇化对趋粮化的影响不显著。本章变更人口城镇化的度量方式，验证人口城镇化对农业种植结构调整可能存在的距离效应。空间上短距离的人口城镇化对农业种植结构调整没有发挥显著影响，该结论支持了农业种植结构调整是农业劳动力供给约束下的一种理性行为的观点，也从人口城镇化的空间维度为如何协调农村劳动力转移与农业种植结构调整以及粮食安全关系提供了重要的政策启示。

第四，多种模型条件下研究结论具有较强的稳健性。基于剔除门槛值之后的样本，本章利用面板 Tobit 模型和固定效应模型检验发现，基准模型的结果具有极强的稳健性。此外，考虑到可能存在双向因果造成的内生性问题，进而选择内生变量的滞后一期作为工具变量进行两阶段最小二乘估计，发现系数方向与基准模型保持高度一致，仅是显著性水平和系数大小略有提高。

第5章

人口城镇化与农地转出

5.1 引言

进入 21 世纪，农业生产环境发生了巨大变化，大量农村劳动力转移就业，农业劳动力数量不断下降（黄祖辉等，2014）。2020 年，农民工总数上升至 28560 万人，外出农民工（跨区域流动）16959 万亿人，其中约 13101 万人为进城农民工（年末居住在城镇地域内的农民工）。[①] 在农村劳动力大规模转移并实现人口城镇化的情境下，农业生产要素必然需要重新匹配，并实现效率的提升，其中农地流转被认为是实现农业规模化经营并有效提高农业生产效率的重要方案（马晓河和崔红志，2002；Deininger and Jin，2005；冒佩华等，2015；陈斌开等，2020），也因此劳动力与土地要素的关系问题成为学术界关注的焦点议题。从现有研究看，关于人口城镇化与农地流转关系问题得到国内外学术界的广泛讨论，但研究结论仍然存在很大争议。

当前，学术界的主流观点是农户家庭人口城镇化显著促进农地流转与集中，并且成为推动土地流转市场形成的关键因素（Yao，2000；Kung，2002；钟甫宁和纪月清，2009；石敏和李琴，2014；冷智花等，2015；钱龙和洪名勇，2016；徐晶和张正峰，2020）。从经验事实看，一方面，农

---

① 2020 年农民工监测调查报告 ［EB/OL］. 国家统计局官网，2021－04－30.

户家庭人口城镇化使得从事农业生产经营面临趋紧的劳动力供给约束，从而促使农户把农地流转给他人耕种（贺振华，2006）。另一方面，在城乡二元经济结构情境下，人口城镇化可以显著提高农户家庭的工资性收入，非农收入的增加可以有效降低农户收入风险并缓解农业生产的资金约束，进而弱化农地的社会保障功能，从而促进农地流转集中（曹亚等，2010；Zhang et al.，2017；Su et al.，2018；Zhou et al.，2020）。实证研究方面，姚（Yao，2000）基于混合面板数据以及固定效用模型的估计结果表明，非农劳动力转移对农地流转市场具有显著的正向影响，农地流转市场的滞后与劳动力市场的不完善相关。在此基础上，龚（Kung，2002）从农地转入的角度指出，非农劳动力市场发育会影响农地流转市场的发展。林善浪等（2010）分析认为，劳动力转移距离和转移时间均对土地流转意愿具有显著的影响。

但也有学者研究认为，农户家庭人口城镇化并不必然带来农地流转市场的活跃，而是存在一些异质性和阶段性特征（钱忠好，2008；陈秧分等，2010；黄枫和孙世龙，2015；洪炜杰等，2016；朱文珏和罗必良，2020；高佳和宋戈，2020）。该观点的理论逻辑在于，从农户家庭内部分工的角度讲，基于家庭的收入最大化，农户会根据家庭成员所具有的务农、务工的比较优势选择部分家庭成员留守农村经营土地，部分家庭成员外出务工就业（钱忠好，2008）。在这种家庭内部的分工模式下，尽管存在农户家庭成员的人口城镇化，但并不意味着农户会放弃所拥有的土地资源而催生农地流转行为，从而得出人口城镇化与土地流转无关的结论（李恒，2015）。

通过对相关文献的检索发现，与本章研究最为相近的主要有以下两篇文献。一是陈秧分等（2010）通过对东南沿海地区的研究认为，尽管非农转移对农地流转具有正向影响，但两者之间并非简单的线性关系，而是存在显著的门槛效应。二是洪炜杰等（2016）在研究劳动力转移规模对农户农地流转行为的影响效应时考虑了可能存在的门槛效应，并且进行了实证分析。但遗憾的是，尽管上述两项研究均提出在劳动力非农转移影响农地流转的过程中可能存在门槛效应，但陈秧分等（2010）的研究并没有给出实际的门槛值，而且洪炜杰等（2016）的研究在设定门槛值时则是基于数据的统计推测，并没有设计严谨的实证策略。由此可见，上述学者的研究所得出门槛值的准确性仍然存在争议。

不可否认，现有文献为本章研究提供了重要的理论基础和经验借鉴，但依然存在有待深入讨论的问题。为弥补现有研究的不足，本章尝试完成以下三项工作：第一，探究农户家庭人口城镇化与农地流转的关系问题时，聚焦农户的农地转出行为，确保分析问题时逻辑的一致性；第二，考察农户家庭人口城镇化影响农地转出可能存在的门槛效应，并借助门槛回归模型对相关参数进行估计；第三，讨论农户家庭人口城镇化对农地转出规模的影响，尝试给出人口城镇化与农地转出关系深层次的认识。

5.2　数据、变量与模型

5.2.1　数据来源

本章使用的数据是由中国金融调查与研究中心组织实施的 2015 年中国家庭金融调查（CHFS）。该调查基于分层、多阶段与规模成比例（PPS）的现代抽样技术和计算机辅助调查系统（CAPI），调查了全国 29 个省（市、区），351 个县（区、县级市），1396 个村（居）委会，样本规模为 37289 户。有关 CHFS 数据的更多介绍参见中国家庭金融调查与研究中心发布的相关报告。调查的主要内容包括：人口统计学特征、金融与非金融资产（如土地）、社会保障与商业保险以及家庭收入与支出等相关信息。

本章关注参与农业生产经营活动的样本。鉴于此，根据问题"去年，您家是否从事农业生产经营（包括农、林、牧、渔，不包括受雇于他人的农业生产经营）？"截取数据，其中包含核心解释变量与被解释变量的样本数量为 4015 个，在剔除关键控制变量缺失样本后得到 1699 个基准样本。需要说明的是，由于一些样本存在变量缺失问题，回归中引入不同的控制变量时观测值不一致，详细情况将在实证模型和回归结果表格处标注说明。

5.2.2 变量选取

1. 被解释变量：是否转出农地

问卷向被访者询问了"目前，您家耕地的经营权是否转给他人或机构？"并且给被访者设计了"是"和"否"两个选项。我们将选项"是"赋值为1，"否"赋值为0。从样本的整体统计特征来看，转出农地的农户有296户，占样本总人数的6.70%；另外，转入农地的农户有819户，占样本的18.53%。从调查样本可以进一步计算得出2015年土地流转率约为25.22%，与全国总体水平基本一致①，表明所用样本具有一定代表性。此外，本章关注的另一个被解释变量为农地转出规模。从调研数据来看，农户家庭平均的农地转出规模为0.73亩，表明当前土地转出规模并不大，同时反映了我国依然是小规模农业的事实。

2. 核心解释变量：人口城镇化

本章采用家庭流出劳动力占家庭总人口的比重来度量。这样处理主要有以下两方面原因。一般而言，宏观层面的人口城镇化是指人口不断由农村流入城市，并在城市获得稳定的就业和生活，城市常住人口数量增加，而农村人口随之减少的过程，通常采用城镇常住人口数（居住满6个月及以上）占总人口的比重来度量。从微观层面来看，人口城镇化的表现则是农户家庭劳动力持续向城市流动，实现转移就业，即不再从事农村第一产业工作，而是进入城市从事第二、第三产业劳动，并实现稳定就业。那么，微观上家庭流出劳动力占家庭总人口的比重就能够很好地反映农村人口的流动水平，进而可以恰当地表征人口城镇化水平。具体而言，中国家庭金融调查问卷向被访者询问了"您家有几个因外出打工、参军以及上学等原因而长期不住在这里的家庭成员？"根据该问题的回答得到农户家庭劳动力流动数量。在此基础上，根据农户对问题"您家共有几个跟您居住

---

① 根据农业农村部公布的数据，2015年底全国耕地面积为20.25亿亩，而流转的土地面积4.47亿亩，从而可以进一步计算得出土地流转率约为22.07%。

在一起的家庭成员（此处居住是指在家住了至少 6 个月，并且现在仍住在这里）？"的回答来进一步计算农户家庭总人口数（计算方法为上述两个问题的答案再加受访者本人）。最后，按照农户家庭劳动力流动数量/农户家庭总人口数来度量农户家庭流动劳动力占比。

3. 其他控制变量

根据 2015 年中国家庭金融调查数据，并且参考已有研究（程令国等，2016；张璟等，2016；许庆等，2017；徐志刚等，2018；刘进等，2020；罗必良和张露，2020；仇童伟和罗必良，2020），模型中还控制了一些可能影响农地转出决策和农地转出数量的变量，具体包括户主特征、家庭特征和农地特征。具体而言，户主特征主要有风险偏好程度[①]、性别、年龄、年龄平方、是否有配偶、受教育水平、自评健康状况和是否为党员。其中，需要特别说明的是，样本的描述性统计特征显示，从事农业生产经营的农户大多属于风险厌恶型（均值为 4.2589，选择"⑤不愿意承担任何风险"的样本占比约为 66.39%），这与当前中国小规模农户较高的风险规避特征相吻合（Cardenas et al.，2005；毛慧等，2018）。

另外，家庭特征包含家族关系网络强度、是否为贫困户和是否有家庭成员担任村干部 3 个变量，其中家族关系网络强度采用"本村内有血缘关系的亲戚个数"来度量。农地特征主要引入了农业补贴金额、农地确权和农户自有承包地面积 3 个变量。其中需要说明的是，农地确权变量设置方法如下：考虑到农地确权的核心是把农用地的经营权明确到每家每户，并且向农户发放确权证书，用法律的形式把权利固定下来，因此，本章将以是否取得土地经营权证书的方式来确定农地是否确权。相应地，在 CHFS2015 问卷向被访者询问"您家是否取得土地经营权证书"，并且给被访者设计了"是"和"否"两个选项，将选项"是"赋值为 1，"否"赋值为 0。需要进一步说明

---

① 参考李树和于文超（2020）的方法设置风险偏好程度变量：CHFS2015 问卷中设计了如下问题："如果您有一笔资金用于投资，您最愿意选择哪种投资项目？"可供被访者选择的选项分别为"①高风险高回报的项目""②略高风险略高回报的项目""③平均风险平均回报的项目""④略低风险略低回报的项目""⑤不愿意承担任何风险"。根据被调查农户的选择，从 5 至 1 表示农户偏好风险的程度越来越高。

的是，为了使变量尽量逼近正态分布和减小异方差，对某些变量做了自然对数转换。各变量的定义和描述性统计的结果如表5－1所示。

表5－1 变量的定义与描述性统计

	变量	均值	标准差
被解释变量	是否转出农地（转出＝1，未转出＝0）	0.0670	0.2613
	农地转出规模（亩），取自然对数	0.1030	0.4483
核心解释变量	人口城镇化（家庭流出劳动力占家庭总人口的比重）	0.4892	0.1772
其他控制变量 · 户主特征	户主性别（男＝1，女＝0）	0.8844	0.3198
	户主年龄（周岁）	53.9860	12.1169
	户主年龄平方	3061.2710	1298.2630
	是否有配偶（有＝1，无＝0）	0.9088	0.2880
	户主受教育水平（小学＝6，初中＝9，高中＝12，大学＝16，硕士研究生＝19，博士研究生＝23，单位：年）	8.0158	6.8873
	户主自评健康状况（以"一般"为参照） 非常好	0.1129	0.3165
	好	0.2970	0.4570
	一般	0.3779	0.4885
	不好	0.1726	0.3779
	非常不好	0.0396	0.1950
	户主是否为党员（党员＝1，非党员＝0）	0.1155	0.3196
	风险偏好程度（从1至5，数值越小越偏好风险）	4.2589	1.1210
家庭特征	家族关系网络强度（本村内有血缘关系的亲戚个数）	2.6709	1.1128
	是否为贫困户（贫困户＝1，非贫困户＝0）	0.1275	0.3336
	是否有家庭成员担任村干部（有＝1，没有＝0）	0.0678	0.2515
农地特征	农业补贴金额（农户获取的亩均农业补贴金额，单位：元，取自然对数）	2.9409	2.1622
	农地确权（已确权＝1，未确权＝0）	0.4440	0.4969
	农户自有承包地面积（单位：亩）	0.4822	3.9397

5.2.3 模型设定

1. 二分类 Probit 模型

为讨论人口城镇化对农地转出决策的影响，设置如下基础模型：

$$Y_i = \alpha_0 + \alpha_1 Urban_i + \alpha_2 X_i + \varepsilon_i \tag{5.1}$$

式（5.1）中，被解释变量 Y_i 是指农地转出行为，其中 1 表示转出农地，0 表示未转出农地；$Urban_i$ 为核心解释变量，即农户家庭人口城镇化水平；X_i 为其他可能会影响农地转出决策的一系列控制变量；α_0 和 α_1 分别为待估参数，α_2 则为待估系数向量，其中回归系数 α_1 反映了本章最为关注的人口城镇化对农地转出的影响力大小；ε_i 为随机扰动项。由于被解释变量是二元离散选择结果，所以使用二分类 Probit 模型进行计量分析。计量模型所选用的变量情况可参阅表 5 − 1。

2. 门槛回归模型

为考察人口城镇化对农户农地转出行为的影响效应是否存在结构突变特征，本章借鉴汉森（2000）的研究成果，设置如下门槛回归模型：

$$Y_i = \beta_0 + \beta_1 Urban_i + \beta_2 X_i + \tau_i，若\ q_i \leqslant \gamma \qquad (5.2)$$

$$Y_i = \varphi_0 + \varphi_1 Urban_i + \varphi_2 X_i + \eta_i，若\ q_i > \gamma \qquad (5.3)$$

式（5.2）和式（5.3）中，Y_i 是指农地转出行为；$Urban_i$ 为核心解释变量，农户家庭人口城镇化水平；X_i 为可能影响农地转出行为的一系列控制变量；β_0、β_1、β_2 与 φ_0、φ_1、φ_2 为待估计参数；q_i 为门限变量；γ 为待估计的门槛值；τ_i 和 η_i 为误差项且服从独立同分布。

实际上，该模型相当于一个分段函数模型：当 $q_i \leqslant \gamma$ 时，核心解释变量 $Urban_i$ 的系数为 β_1；而当 $q_i > \gamma$ 时，核心解释变量 $Urban_i$ 的系数为 φ_1，其他解释变量的系数同时发生变化。

5.3　实证结果与分析

5.3.1　基准模型结果分析

首先采用二分类 Probit 模型进行基准回归。由于 Probit 模型具有非线性特征，在对系数进行解释时其经济含义可能不符合一般的经济常识。因此，估计结果还报告了平均边际效应的参数估计值。需要进一步说明的是，为验证模型参数估计值的稳健性，对仅引入核心解释变量和同时引入核心解释变量与其他控制变量时的估计结果进行报告（见表5-2）。其中，表5-2第1列为只引入人口城镇化的估计结果，第3列为进一步引入了其他控制变量时的参数估计值。

表5-2　　　　　　　　　　基准模型结果

变量		Probit 模型（被解释变量：是否转出农地）			
		系数	边际效应	系数	边际效应
人口城镇化		0.3980*** (0.1477)	0.0554*** (0.0206)	0.4536* (0.2653)	0.0489* (0.0287)
户主性别（以"女性"为参照）		—	—	-0.0074 (0.1962)	-0.0008 (0.0211)
户主年龄		—	—	-0.0981*** (0.0331)	-0.0106*** (0.0036)
户主年龄平方		—	—	0.0010*** (0.0003)	0.0001*** (0.0000)
户主受教育水平		—	—	0.0078 (0.0083)	0.0008 (0.0009)
户主是否为党员（以"非党员"为参照）		—	—	-0.0899 (0.1635)	-0.0097 (0.0176)
户主是否有配偶（以"无配偶"为参照）		—	—	-0.2113 (0.1819)	-0.0228 (0.0196)
户主自评健康状况（以"一般"为参照）	非常好	—	—	-0.1676 (0.1999)	-0.0181 (0.0216)
	好	—	—	-0.0108 (0.1320)	-0.0012 (0.0142)
	不好	—	—	0.2088 (0.1283)	0.0225 (0.0150)
	非常不好	—	—	0.4971** (0.2448)	0.0535** (0.0265)
户主风险偏好程度		—	—	0.0167 (0.0533)	0.0018 (0.0057)
家族关系网络强度		—	—	0.0216 (0.0468)	0.0023 (0.0050)

续表

变量	Probit 模型（被解释变量：是否转出农地）			
	系数	边际效应	系数	边际效应
是否为贫困户（以"非贫困户"为参照）	—	—	−0.4464 ** (0.1918)	−0.0481 ** (0.0208)
是否有家庭成员担任村干部	—	—	0.3077 (0.1949)	0.0332 (0.0211)
农业补贴	—	—	0.0258 (0.0257)	0.0028 (0.0028)
农地确权（以"未确权"为参照）	—	—	0.2061 ** (0.1037)	0.0222 ** (0.0112)
农户自有承包地面积	—	—	0.0119 * (0.0068)	0.0013 * (0.0007)
常数项	−1.4902 *** (0.0338)	—	0.2860 (0.9608)	—
$LR(\chi^2)$	7.04	—	48.68	—
伪 R^2	0.0033	—	0.0655	—
观测值	4015	4015	1699	1699

注：括号内数字为标准误；*、** 和 *** 分别表示 $p < 0.1$、$p < 0.05$ 和 $p < 0.01$；各模型的观测值不同是因为在引入控制变量时，某些样本的控制变量缺失。

从表 5 - 2 可以发现，无论是引入控制变量还是不引入控制变量，人口城镇化对农地转出的影响效应分别在 10% 和 1% 的统计水平下显著且方向为正。换言之，人口城镇化可以显著提高农地转出的概率，并且计量结果具有很强的稳健性。进一步地，边际效应估计结果显示，人口城镇化水平每上升 1 个百分点，农户转出农地的概率相应提高约 5 个百分点（表 5 - 2 第 4 列）。

接下来对上述实证结果做进一步的解释。人口城镇化形成农业劳动力供给约束，并且随着年纪轻、有知识以及素质高的群体的流出，使得农村劳动力结构呈现妇女化、儿童化以及老龄化趋势。在这样的情境下，劳动力节约型的经营方式必然成为农户的优先选择。而由于粮食作物具有省工与强机械替代特征，农户倾向于提高粮食播种面积占比。

但需要进一步说明的是，尽管机械化率提高有助于减少粮食种植的劳动力投入，但必要的劳动力投入仍然不可避免（例如机械作业监督、看护等工作）。与此同时，根据《全国农产品成本收益资料汇编2019》的数据，受机械、化肥以及农药等要素价格高企的影响，2018年稻谷、小麦和玉米三大主粮的平均净利润为 −85.59 元/亩。基于上述现实条件的思考，随着农业劳动力供给约束进一步趋紧以及农地流转市场逐步完善，农户则可能选择放弃自营农地而将其转出。这样一方面可以获得农地流转租金（根据在山东省的调研，农地流转租金约为 300 ~ 400 元/亩·年，集中连片类土地约为 600 ~ 800 元/亩·年），以满足其基本的生活需要；另一方面土地转出后还可以降低农户从事非农工作的机会成本以及迁移成本。

此外，从需求的角度来讲，人口城镇化为农业规模化提供了发展条件。留守农村的劳动力可以通过转入农地的方式扩大经营规模，从而有助于提高农业经营收益和绩效。在此过程中，农地流转的需求市场进一步扩大，农地流转租金则被拉升，从而有助于农地转出。

从控制变量的估计结果来看，系数方向基本符合理论预期，并且与现有的一些研究基本一致（黄枫和孙世龙，2015；何欣等，2016；许庆等，2017；丰雷等，2020）。具体而言，第一，户主年龄与户主年龄平方项均在1%的统计水平上显著，并且户主年龄二次项的系数为正。这意味着户主年龄对农地转出概率的影响呈现"U"型结构，进一步计算得出拐点处的户主年龄为49岁[①]，即户主年龄小于49岁时，随着年龄的增大，农户转出农地的概率会逐步降低，但在49岁之后，农户转出农地的概率则会随户主年龄的增加而增大。这可能与农户经营农业的经验与身体素质有关，49岁之前农户身体素质较高，并且经营农业的经验也逐年增加，从而导致其转出农地的概率降低，但是后期由于年龄进一步增长，农户的劳动能力受到年龄限制，可能更倾向于将农地转出。

第二，虚拟变量户主自评健康状况结果显示，相较于身体健康状况一般的户主，健康状况非常不好的户主转出农地的概率更高，二者相差约5个百分点（见表5-2第4列）。但是，其他三类身体健康状况并未表现出

---

① 计算方法为：$y = 0.0010 \times age^2 - 0.0981 \times age$，对 age 求一阶导数，并且令其等于0。

显著的差异，这可能是由于健康状况直接影响农户家庭有效劳动力的供给。健康状况较差时，从事农业经营的能力必然会被严重削弱，从而也提高了农地转出的概率。

第三，是否为贫困户变量的系数显著且方向为负。这表明与非贫困户相比，贫困户转出土地的概率低约 5 个百分点。这可能是由于对于贫困户而言，土地具有更为明显的社会保障功能，例如除了政府给予的扶贫补贴，农地可能是贫困户主要甚至唯一的经济来源，从而可能会降低土地转出的概率。

第四，虚拟变量农地确权系数在 5% 的统计水平上显著为正。这意味着相较于未确权农户，农地确权后农户转出土地的概率显著增加，并且后者比前者高约 2 个百分点。农户在拿到土地经营权证书后，农地产权以及四至范围更加明晰，这样有助于规范农地转出的交易行为并减少产权纠纷，降低契约风险和交易成本，从而促使农户转出土地。

第五，农户自有承包地面积对农地转出具有显著的正向影响，即农户自有承包地面积越大，其转出土地的概率越高。一方面，由于大面积的集中连片耕地流转租金比较高，可能会促使农户转出农地；另一方面，大面积的自有耕地会削弱土地的社会保障功能，例如农户可以选择将土地进行部分转出，部分留于自种，这样农户的可选择性更多，进而促进其转出土地。但是，从影响效应的大小来看，农户自有承包地面积对农地转出概率的边际影响仅为 0.0013，即农户自有承包地面积每增加 1 亩，农地转出概率仅增加 0.1 个百分点，影响效应甚微。

5.3.2 稳健性检验

为了验证模型估计结果的稳健性，我们进一步采用线性概率模型（LPM）和二分变量 Logit 模型对基准方程进行拟合，两种模型各参数的估计结果如表 5 – 3 所示。为方便系数的解释和大小比较，表 5 – 3 第 5 列报告了二分类变量 Logit 模型的平均边际效应。首先，从线性概率模型的估计来看，核心变量人口城镇化的系数在 10% 的统计水平上显著为正，表明人口城镇化对农地转出具有显著的正向影响，即人口城镇化有助于农地转出，边际效应为 0.0585。Logit 模型的估计结果显示，人口城镇化对农地转出依然具有显著的正向影响，且边际效应为 0.0509。与此同时，控制变量系数与基准模型也保持基本一致。总体上，对于人口城镇化变量而言，LPM 和 Logit 模型的估计结果与基准模型的估计结果在方向和显著水平方面完全一致，即人口城镇化有助于提高转出农地的概率，仅是在系数大小上略有差异（见表 5 - 3 第 1 列与第 5 列）。据此，我们认为人口城镇化对农地转出决策的影响效应具有很强的稳健性，并非是特定模型选择而产生的偶然结果。

表 5 - 3　　　　　　　　　　　　稳健性检验

变量		LPM		Logit 模型			
		系数	标准误	系数	标准误	边际效应	标准误
人口城镇化		0.0585 *	0.0317	0.9845 *	0.5274	0.0509 *	0.0275
户主性别（以"女性"为参照）		- 0.0032	0.0222	0.0036	0.4009	0.0002	0.0207
户主年龄		- 0.0144 ***	0.0040	- 0.1944 ***	0.0656	- 0.0100 ***	0.0034
户主年龄平方		0.0001 ***	0.0000	0.0020 ***	0.0006	0.0001 ***	0.0000
户主受教育水平		0.0010	0.0009	0.0191	0.0174	0.0010	0.0009
户主是否为党员（以"非党员"为参照）		- 0.0107	0.0175	- 0.1902	0.3402	- 0.0098	0.0176
户主是否有配偶（以"无配偶"为参照）		- 0.0266	0.0220	- 0.4622	0.3580	- 0.0239	0.0186
户主自评健康状况（以"一般"为参照）	非常好	- 0.0214	0.0197	- 0.4493	0.4553	- 0.0232	0.2360
	好	- 0.0013	0.0139	- 0.0082	0.2780	- 0.0004	0.0144
	不好	0.0230	0.0160	0.4283	0.2826	0.0221	0.0147
	非常不好	0.0565 *	0.0312	0.9799 **	0.4832	0.0506 **	0.0252
户主风险偏好程度		0.0020	0.0056	0.0306	0.1146	0.0016	0.0059
家族关系网络强度		0.0030	0.0052	0.0510	0.0990	0.0026	0.0051
是否为贫困户（以"非贫困户"为参照）		- 0.0418 **	0.0176	- 0.9369 **	0.4180	- 0.0484 **	0.0219
是否有家庭成员担任村干部		0.0395 *	0.0234	0.6488 *	0.3910	0.0335 *	0.0203
农业补贴		0.0022	0.0027	0.0438	0.0539	0.0023	0.0029

续表

变量	LPM		Logit 模型			
	系数	标准误	系数	标准误	边际效应	标准误
农地确权（以"未确权"为参照）	0.0226 **	0.0113	0.4496 **	0.2186	0.0232 **	0.0114
农户自有承包地面积	0.0027 **	0.0011	0.0203 *	0.0122	0.0010	0.0006
常数项	0.3526 ***	0.1130	− 0.7520	1.9318	—	—
伪 R^2/调整 R^2	0.0237	—	0.0666	—	—	—
观测值	1699		1699			

注: *、** 和 *** 分别表示 p < 0.1、p < 0.05 和 p < 0.01。

5.3.3　考察样本自选择问题

在考察人口城镇化对农地转出行为带来的影响效应时可能面临着样本自选择问题，从而导致参数估计结果的有偏和不一致。具体地，人口城镇化可能是农户依据农地转出比例而采取的自我选择行为，这主要是因为农地转出比例越高，人口城镇化的机会成本相对较低，农户家庭劳动力流动的发生概率相应提高。为降低样本自选择造成的参数估计偏误问题，我们尝试利用倾向得分匹配法来估计人口城镇化对农地转出行为的影响效应。实证策略设定如下：首先将家庭人口城镇化水平设置为 0 ~ 1，其中家庭内部没有劳动力流出的样本设置为 0，有劳动力流出的样本则设置为 1；然后基于五种匹配策略估计人口城镇化农户家庭与未实现人口城镇化农户家庭的农地转出行为的平均差异。

首先，从匹配效果来看，匹配前实验组与控制组的倾向得分值分布存在明显的差异，如图 5 − 1（a）所示，但是匹配后实验组和控制组倾向得分值的分布差异则显著缩小，如图 5 − 1（b）所示。这表明依据可观测协变量的匹配效果比较好，可以有效消除两组样本之间的系统差异，从而弱化内生性问题①。

---

　① 匹配方法为最小近邻 1∶1 匹配，我们也尝试了其他匹配方法，结果无异，此处不再报告。

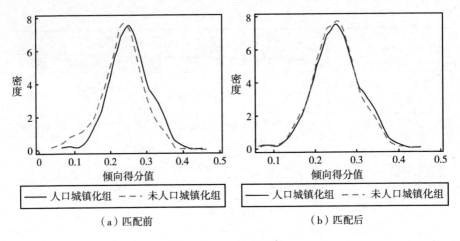

（a）匹配前　　　　　　　　　　　　　（b）匹配后

图5-1　匹配前后倾向得分值核密度

其次，从模型估计结果可以发现（见表5-4），无论是采用最小近邻匹配，还是局部线性回归匹配、半径匹配，抑或是核匹配，估计结果均显示，在消除了家庭劳动力流动者与家庭劳动力未流动者间可观测的系统性差异后，农户家庭人口城镇化显著（5%或10%统计性水平）提高转出农地的概率。虽然在不同的匹配策略下ATT值的显著性和大小略有差异，但我们依然有比较充分的证据得出结论：从农户家庭层面而言，人口城镇化显著促进农地转出。

表5-4　　　　　　　　　倾向得分匹配方法估计结果

匹配方法	农地转出行为的变化均值			标准误	共同支撑样本量	
	干预组	控制组	ATT		干预组	控制组
最小近邻匹配（1∶1）	0.0693	0.0495	0.0198 *	0.0109	404	1284
最小近邻匹配（1∶2）	0.0693	0.0470	0.0223 **	0.0106	404	1284
最小近邻匹配（1∶3）	0.0693	0.0454	0.0239 **	0.0100	404	1284
局部线性回归匹配	0.0693	0.0447	0.0246 *	0.0129	404	1284
半径匹配	0.0631	0.0446	0.0185 **	0.0092	396	1134
核匹配	0.0693	0.0440	0.0253 *	0.0147	404	1284

注：最小近邻匹配均采取有放回的方式；半径匹配中，半径选取0.001；核匹配中，核函数为normal，带宽为0.001；局部线性回归匹配中，核函数为normal，带宽为0.001；*、** 和 *** 分别表示 $p<0.1$、$p<0.05$ 和 $p<0.01$。

5.4　进一步拓展

5.4.1　异质性分析

1. 农户风险偏好程度的异质性考察

从基准回归结果来看，户主的风险偏好程度并没有对农地转出决策产生显著影响，但是理论上来讲，农地流转可能面临产权纠纷、租金扯皮以及违法用地等风险（胡霞和丁冠淇，2019；吴冠岑等，2013）。与此同时，农户在自营土地时可能面临生产要素（表现为劳动力与土地）匹配失衡所导致的身体过劳损伤、低效减产以及投入高于产出等风险。按照这一逻辑，农地转出决策必然与户主的风险偏好特征显著相关。那么，导致基准模型中户主风险偏好变量不显著的原因则可能是存在异质性，并进一步导致总效应不显著。为验证该推断，我们根据问卷中的问题"如果您有一笔资金用于投资，您最愿意选择哪种投资项目？"和选项"①高风险高回报的项目；②略高风险略高回报的项目；③平均风险平均回报的项目；④略低风险略低回报的项目；⑤不愿意承担任何风险"[①]，将选择①②③④的农户划为偏好风险型农户，把选择⑤的农户列为厌恶风险型农户，并进行分组回归。模型各参数的估计结果如表 5 - 5 所示。

表 5 - 5　　　　　　　　　　风险偏好异质性估计结果

变量	Probit 模型（被解释变量：是否转出农地）			
	厌恶风险型农户		偏好风险型农户	
	系数	标准误	系数	标准误
人口城镇化	0.6994 **	0.3037	- 0.4126	0.6159
户主性别（以"女性"为参照）	- 0.0172	0.2338	- 0.0311	0.4142

---

① 问卷中共设置了 6 个选项，实证分析中剔除了选择"⑥不知道"的样本。

续表

变量		Probit 模型（被解释变量：是否转出农地）			
		厌恶风险型农户		偏好风险型农户	
		系数	标准误	系数	标准误
户主年龄		-0.0647***	0.0075	-0.1342**	0.0601
户主年龄平方		0.0007***	0.0001	0.0013**	0.0006
户主受教育水平		0.0108	0.0098	-0.0030	0.0172
户主是否为党员（以"非党员"为参照）		0.0080	0.1929	-0.4165	0.3425
户主是否有配偶（以"无配偶"为参照）		-0.2770	0.2145	0.0404	0.3968
户主自评健康状况（以"一般"为参照）	非常好	-0.2208	0.2449	-0.1119	0.3629
	好	-0.0990	0.1657	-0.1029	0.2346
	不好	0.1675	0.1642	0.3621	0.2819
	非常不好	0.1986	0.3187	1.0712**	0.4383
家族关系网络强度		0.0370	0.0562	0.0108	0.0898
是否为贫困户（以"非贫困户"为参照）		-0.5619**	0.2520	-0.2751	0.3298
是否有家庭成员担任村干部		0.3076	0.2468	0.3460	0.3337
农业补贴		0.0454	0.0327	-0.0069	0.0445
农地确权（以"未确权"为参照）		0.1516***	0.0256	0.3194*	0.1962
农户自有承包地面积		0.0233***	0.0050	0.0085***	0.0034
常数项		-0.6740	1.4028	1.2975	1.6002
$LR(\chi^2)$		41.85		18.92	
伪 R^2		0.0806		0.0847	
观测值		1128		571	

注：*、** 和 *** 分别表示 $p<0.1$、$p<0.05$ 和 $p<0.01$。

　　从表 5 - 5 的结果可以看出，人口城镇化对转出农地决策的影响存在显著的户主风险偏好异质性。具体而言，在厌恶风险型农户样本中，人口城镇化对农地转出决策具有显著的正向影响，表明人口城镇化的发展能够显著提高农户转出农地的概率。这可能是由于厌恶风险的农户在劳动力流出后仅是考虑了继续经营农业时所面临的劳动力不足的风险，特别是在耕种收农忙季节，有效劳动力供给不足可能存在入不敷出的风险，从而促进风险厌恶型农户转出农地。对于偏好风险型农户而言，人口城镇化变量的系数为负但并不显著。进一步地，该结果也反映出当前农户可能比较担心经营农地的风险，但是对于农地流转所产生的产权纠纷、租金扯皮以及违规用地等风险的识别和感知并不敏感，这也是需要重点关注和讨论的问题。

2. 区域异质性考察

中国东部、中部、西部地区的经济发展水平存在较大差异，以家庭为单位的劳动力流动可能会面临不同城市"引力"和农村"推力"，从而可能进一步导致人口城镇化区位、成本以及收入等方面的差异。那么，不同的经济发展水平区域，人口城镇化对农户农地转出是否存在差异化的影响效应呢？为此，进一步按照东部、中部和西部地区划分样本，分组估计人口城镇化对农地转出决策的影响。模型各参数的估计结果如表 5 – 6 所示。

表 5 – 6　　　　　　　　区域异质性估计结果

变量	Probit 模型（被解释变量：是否转出农地）					
	东部		中部		西部	
	系数	标准误	系数	标准误	系数	标准误
人口城镇化	0.3050 ***	0.0816	0.8105 *	0.4668	0.5205	0.5441
户主性别（以"女性"为参照）	– 0.2336	0.3182	0.7292	0.4909	– 0.3785	0.4058
户主年龄	– 0.0617 ***	0.0162	– 0.0715 **	0.0379	– 0.1577 ***	0.0592
户主年龄平方	0.0005 ***	0.0000	0.0008 ***	0.0001	0.0017 ***	0.0005
户主受教育水平	0.0109	0.0143	– 0.0040	0.0161	0.0225	0.0167
户主是否为党员（以"非党员"为参照）	0.0152	0.2533	– 0.0145	0.3010	– 0.3351	0.3681
户主是否有配偶（以"无配偶"为参照）	– 0.5116 *	0.3055	– 0.3937	0.3397	0.0294	0.4177

续表

变量		Probit 模型（被解释变量：是否转出农地）					
		东部		中部		西部	
		系数	标准误	系数	标准误	系数	标准误
户主自评健康状况（以"一般"为参照）	非常好	0.0445	0.2541	− 0.2019	0.1840	0.0916	0.1022
	好	− 0.0685	0.2040	− 0.1729	0.2779	0.1485	0.2737
	不好	0.0242	0.2697	0.3140	0.2369	0.3350	0.2654
	非常不好	0.0503 **	0.0240	0.8023	0.5156	1.8281 ***	0.4482
户主风险偏好程度		0.0263	0.0852	− 0.0125	0.1000	0.0781	0.1216
家族关系网络强度		0.0535	0.0754	− 0.0487	0.0933	0.1080	0.0959
是否为贫困户（以"非贫困户"为参照）		− 0.2260	0.3719	− 0.3707	0.3326	− 1.1000 **	0.4404
是否有家庭成员担任村干部		0.4619	0.2918	0.2299	0.4333	0.2312	0.4024
农业补贴		0.0209	0.0407	0.0921	0.0587	0.0037	0.0551
农地确权（以"未确权"为参照）		0.4185 **	0.1720	0.1142 ***	0.0239	0.3063 **	0.1284
农户自有承包地面积		0.0149	0.0130	0.0115	0.0093	0.0356	0.0265
常数项		0.0219	1.7308	− 0.9517	2.2373	1.0361	1.7115
伪 R^2		0.0601		0.1191		0.2035	
观测值		629		602		468	

注：*、** 和 *** 分别表示 $p < 0.1$、$p < 0.05$ 和 $p < 0.01$。

从结果可以发现，人口城镇化对转出农地决策的影响效应在东中部和西部地区存在显著的异质性，其中东部和中部地区人口城镇化的系数分别在1%和10%的统计水平上显著且为正，但是在西部地区人口城镇化对农地转出决策的影响并不显著。这可能的解释是，东部和中部地区经济发展水平要高一些，在农户的收入结构中，工资性收入占比会更高，而经营性收入占比相对较低。例如，2019年东部、中部和西部地区工资性收入占可支配收入的比重分别为54.57%、33.61%和33.68%，而经营性收入占可支配收入的比重分别为25.01%、40.92%和40.85%，并且东部地区农村居民的工资性收入是经营性收入的2.18倍。在此情境下，农地的社会保障功能必然被进一步弱化，人口城镇化形成农业劳动力供给约束更有助于促进农地转出。

5.4.2 结构突变性考察

从理性经济人的角度来讲，农户农地转出行为具有劳动力供给的情境依赖特征，即在劳动力流动比例增大并且达到一定阶段时才会显现出对农户农地转出行为的影响。换言之，劳动力流动对农地转出的影响可能存在阶段性的差异特征。根据《全国农产品成本收益资料汇编2019》数据，2016～2018年三大主粮（稻谷、小麦和玉米）平均净利润分别为 -80.28 元/亩、-12.53 元/亩和 -85.59 元/亩，在不考虑家庭用工折价的情况下，农户家庭从种植粮食作物可以获得的收入分别为 328.35 元/亩、381.36 元/亩和298.11 元/亩。另外，从土地流转租金来看，我们在山东省的调研发现，土地流转市场通常按照农地的土壤肥力、灌溉条件以及地块大小等条件划分等级，土地流转租金集中在 200～300 元/亩，只有特别集中连片、交通便利的土地可以达到 600～800 元/亩（一个村庄仅有极少部分）。所以，从农户的角度来讲，当农户不具有流动条件时，自营农地依然是其理性选择。当有效劳动力供给趋紧时，农户才可能选择将农地转出。如果该逻辑正确，人口城镇化对农地转出行为的影响必然存在结构突变特征。为此，本章构建门槛回归模型①进一步验证上述理论推断。以人口城镇化作为门槛变量时，似然比序列统计量 LRN (r) 为门槛函数的趋势如图 5 - 2 所示，图示表明显著存在单一门槛值。

从结果可以发现（见表 5 - 7），以家庭为单位的人口城镇化对农户农地转出行为存在显著的门槛效应。进一步地，人口城镇化的门槛值为44.44%，并且在人口城镇化处在小于等于该门槛值的区制（regime）时，人口城镇化对农地转出行为的影响不显著，但人口城镇化进入大于门槛值的区制（regime）时，前者对后者具有显著的正向影响，即人口城镇化显

---

① 利用汉森（2000）给出的截面数据门槛回归 Stata 非官方命令"thresholdreg"进行模型估计。

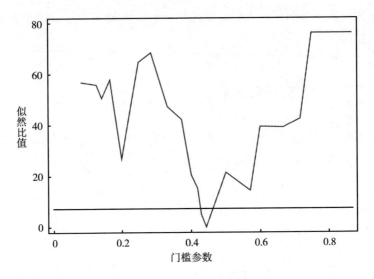

图 5 - 2　人口城镇化门槛估计值

著提高农地转出的概率。至此，本书提出的第二个研究假说得到证实。从不同区制"是否转出农地"变量的均值来看，第一区制为 0.0530，表明约有 5.3% 的家庭转出农地；而在第二区制均值为 0.1045，即约有 10.45% 的家庭转出农地。这在一定程度上反映了农户家庭人口城镇化对农地转出存在促进作用。

表 5 - 7　　　　　　　　　　　　　结构突变性的检验结果

变量	regime1：人口城镇化≤44.44%			regime2：人口城镇化>44.44%		
因变量						
是否转出农地（均值）	0.0530			0.1045		
核心自变量	系数	标准误	均值	系数	标准误	均值
人口城镇化	0.0070	0.0524	0.0483	0.2879 ***	0.0228	0.5660
其他控制变量	否	—	—	否	—	—
常数项	0.0527 ***	0.0062	—	0.2685	0.1394	—
观测值	133			1566		
R^2	0.0001			0.0070		
95% 置信区间	[0.4286, 0.5444]					
异方差检验（P 值）	0.2240					

注：*** 表示 p<0.01。

为更好理解该结果的经济含义,我们以一个拥有三个劳动力(三口人)的农户家庭为例进行分析。按照 44.44% 的人口城镇化水平计算,该家庭需要有 1.3 个劳动力流出。因此,在劳动力流动数量处于 0 ~ 1.3 个时(初始流动阶段),劳动力流出并不会对农户农地转出行为产生显著影响。但是,当农户家庭劳动力流动数量处于 1.3 ~ 3 个时(后期流动阶段),人口城镇化(农户家庭劳动力流出)则会对农地转出行为发挥显著的正向影响,即农地转出概率随人口城镇化水平的上升而提高。另外,从宏观层面来看,2007 年中国的人口城镇化率为 44.94%,即总体上已经通过了 44% 的门槛值。进一步分省际来看,截至 2019 年仅有西藏(人口城镇化率为 31.50%)没有通过门槛值,甘肃、云南和贵州三省则刚好跨过门槛值。

需要进一步说明的是,本章得出的农户家庭人口城镇化对农地转出行为发挥影响效应的门槛值是 44.44%,该值是根据已有的样本数据测算得到,其适用的普遍性和外推性仍然有待进一步验证。但是,该值的存在表明在农户家庭人口城镇化影响农地转出的经济逻辑中并非简单的线性关系,而是具有明显的人口城镇化发展情境的依赖特征。

5.4.3　对农地转出规模的考察

考虑到农地转出规模是决定能否实现农业适度规模经营并进一步提高农业生产效率的主要因素之一,如何提高农地转出规模成为学术界讨论和研究的重要问题。因此,在农村人口不断向城市流动,农业有效劳动力供给趋紧的情境下,有必要利用经验数据和计量模型来澄清人口城镇化是否以及在多大程度上影响农地转出规模。鉴于此,本章构建农地转出规模对人口城镇化的回归方程,并利用普通最小二乘法(OLS)对其进行估计。模型各参数的估计结果如表 5 - 8 所示。

表 5 - 8　　　　　人口城镇化影响农地转出规模的估计结果

变量	OLS 模型(被解释变量:农地转出规模)			
	系数	标准误	系数	标准误
人口城镇化	0.1179 ***	0.0367	0.0945 **	0.0419
户主性别(以"女性"为参照)	—	—	0.0264	0.0450

续表

变量		OLS 模型（被解释变量：农地转出规模）			
		系数	标准误	系数	标准误
户主年龄		—	—	-0.0212***	0.0081
户主年龄平方				0.0002***	0.0000
户主受教育水平		—	—	0.0013	0.0018
户主是否为党员（以"非党员"为参照）		—	—	-0.0370	0.0355
户主是否有配偶（以"无配偶"为参照）		—	—	-0.0375	0.0447
户主自评健康状况（以"一般"为参照）	非常好	—	—	-0.0431	0.0400
	好	—	—	0.0253	0.0281
	不好	—	—	0.0347	0.0326
	非常不好	—	—	0.0874	0.0633
户主风险偏好程度		—	—	-0.0034	0.0113
家族关系网络强度		—	—	-0.0016	0.0105
是否为贫困户（以"非贫困户"为参照）		—	—	-0.0583*	0.0351
是否有家庭成员担任村干部		—	—	0.0780	0.0475
农业补贴		—	—	-0.0001	0.0055
农地确权（以"未确权"为参照）		—	—	0.0473**	0.0229
农户自有承包地面积		—	—	0.0126***	0.0023
常数项		0.0923***	0.0075	0.5074**	0.2296
调整 R^2		0.0021	—	0.0311	—
观测值		4412		1700	

注：*、** 和 *** 分别表示 $p < 0.1$、$p < 0.05$ 和 $p < 0.01$；观测值不同是因为在引入其他控制变量时，存在一些样本的控制变量缺失。

需要进一步说明的是，在度量农地转出规模时做如下设置：如果农户没有转出农地，则将农地转出规模设置为 0；如果农户转出农地，则按照实际转出规模来度量。从结果可以发现，无论是不引入控制变量的一元回归模型，还是引入其他控制变量的多元回归模型，人口城镇化变量的系数均显著（分别在 1% 和 5% 的统计水平）且方向为正。该结果表明，人口城镇化有助于增大农户的农地转出规模，并且在其他因素控制不变的条件下，人口城镇化绝对量上升 1 个百分点，农地转出规模则相应提高 0.09%。

为直观理解模型结果，我们从微观层面做进一步分析。以三口人农户家庭为例，如果家庭中有 1 个成员流出并进入城市，则该家庭的人口城镇化水平从 0 上升至 33%（33 个百分点），那么平均而言，该农户家庭农地转出规模则相应提高 2.97%。从农户的角度来讲，农户家庭面临有效劳动力（老弱病残妇幼之外的劳动力）不足的问题时，将会进一步促使农户大面积转出农地而收取部分土地流转租金。进一步地，当家庭劳动力供给出现严重不足时，农户不再有精力经营土地，把现有的农地转出获取流转租金成为农户的一个理性选择。

控制变量方面。首先，户主年龄的一次项和二次项均在 1% 的统计水平上显著，并且二次项系数为正，表明户主年龄对农地转出规模的影响呈现 "U" 型结构，进一步计算得出拐点处的户主年龄为 53 岁。即当户主年龄小于 53 岁时，随着年龄的增长，农地转出规模越小；但是户主年龄一旦超过 53 岁，则随着年龄的增长，农地转出规模越大。其次，农地确权变量显著且为正，表明与未确权农地相比，确权农地转出规模更大。这可能是由于农地确权后产权更为明晰，可以有效减少甚至规避农地流转后产生的各种纠纷扯皮问题，从而有助于增强农户大规模转出农地的信心。最后，农户自有承包地面积对农地转出规模具有十分显著的正向影响，这可能与农户自身的资源禀赋有关，农户拥有的农地面积越大，具备大规模转出农地的禀赋和基础，其相应的转出规模也可能越大。

5.5　本章小结

本章基于 2015 年中国家庭金融调查数据，利用二分类 Probit 模型和门槛回归模型对人口城镇化是否影响农地转出，以及作用效果的结构突变特征进行实证分析。在此基础上，对上述影响可能存在的异质性、内生性以及稳健性等问题进行深入探究。

本章主要有以下三点新发现。第一，人口城镇化显著促进农地转出，但具有门槛特征。人口城镇化的门槛值为 44.44%，小于该门槛值时人口城镇化对农地转出行为的影响不显著；当大于上述门槛值时影响效应发生突变，人口城镇化显著促进农地转出。该结论在不同的模型条件以及处理掉潜在的内生性问题后依然存在，具有较高的稳健性。第二，人口城镇化对农地转出的影响依农户风险偏好和区位分布而不同。人口城镇化对农地转出的影响具有异质性，表现为不同的风险偏好情境和经济发展水平下影响效应不一致，仅在厌恶风险型、东部和中部地区的农户样本中人口城镇化对农地转出的促进作用才会显现。第三，人口城镇化对农地转出规模具有显著的正向影响。具体地，人口城镇化水平上升 1 个百分点，农地转出面积相应提高 0.09%。

根据以上实证结果，本章证实了第二个研究假说。事实上，人口城镇化形成农业劳动力供给约束，农户选择是否转出农地完全是基于个人理性的思考。当趋粮化缺乏调整弹性，即调整种植结构已然无法继续放松劳动力供给约束时，农户则倾向放弃自营农地而将其转出，从而获得流转租金以弥补家庭收入的不足。需要进一步说明的是，人口城镇化是农地流转市场形成和发育的一个基础条件，但人口城镇化不必然引致农地转出行为的发生，而是呈现渐进累积的特征。换言之，只有在人口城镇化水平达到特定的门槛值以后，其对农地转出的正向影响效应才会显现。

第6章

农地流转与农业种植结构调整

6.1 引言

粮食安全是关系国运民生的压舱石，保障粮食安全这根弦在任何时候都不能松（王济民等，2018；姜长云和王一杰，2019；尹成杰，2019）。从世界范围来看，中国人多地少的国情很难扭转且长期存在，利用世界7%的耕地养活世界20%左右的人口是中国对全球粮食安全做出的巨大贡献，但这也是中国农业面临的一个艰巨且不可回避的事实压力。因此，研究如何立足国内有限的资源，满足刚性增长的粮食需求始终是学术界和政策制定者关注的核心议题之一（Godfray et al.，2010；唐华俊，2012；张红宇等，2015；钟钰等，2020），尤其是在日趋紧张的贸易环境和全球疫情冲击下，18个国家已经加强粮食的出口管制，确保饭碗牢牢端在自己手里异常关键。根据中国农业的发展实际，坚守"谷物基本自给、口粮绝对安全"的战略底线，落实"藏粮于地、藏粮于技"的科学举措，以及进一步聚焦与粮食安全直接相关的农业种植结构调整问题都具有极为重要的理论和现实意义。此外，2021年《中共中央 国务院关于坚持农业农村优先发展做好"三农"工作的若干意见》明确提出强化土地流转用途监管，这提醒我们要关注土地流转及耕地用途变更问题。

在此背景下，随着市场经济的深入发展，农村生产要素的流动性和市场化程度不断提高，出现大量的农村劳动力转移至城市（2019年城镇化率达到了 60.6%[①]），以及农地流转规模的快速扩大。统计数据显示，2018年底家庭承包土地的流转规模超过 5.3 亿亩[②]，较 2013 年增长了 1.9 亿亩，5 年内提高 55.9%，年均增幅 22.8%，并且流转面积占到耕地总面积的24.7%。不可否认，农地流转已经成为发展规模化农业的重要途径之一，带来了规模化优势和农业生产效率的提高（Mundlak，2005；冒佩华等，2015；Zhou et al.，2019；朱文珏和罗必良，2019）。

但需要进一步指出的是，从农地转入者的角度来讲，转入农地后除了进行正常的经营性投资之外，还需要额外支付一笔流转租金，有学者计算该部分租金约占农户现金成本的 61.77% ~ 67.43%（郭欢欢，2014；Zhang et al.，2020）。以在山东的调研为例，按照农地的土壤肥力、灌溉条件以及地块大小等条件划分等级，土地流转租金分布在 200 ~ 800 元/亩的范围。如果继续种植玉米、小麦等粮食作物，土地流转租金将会占农户亩均净收入的 20% ~ 80%，从而导致农户收入进一步缩水，农户对粮食的生产热情也自然趋冷。然而，相较于粮食作物，从事非粮经营的收益则较为显著，根据《全国农产品成本收益资料汇编 2019》数据，2018 年三大主粮（稻谷、小麦和玉米）平均净利润为 - 85.59 元/亩，而经济作物（以蔬菜为例）的平均净利润达到了 2690.93 元/亩。一般地，收益比较优势会促使农地转入者在追求利润最大化的过程中扩大蔬菜、药材等经济作物的种植规模，从而引发种植结构的非粮化调整，可能会进一步给国家的粮食安全带来挑战。那么，农地流转究竟会给农业种植结构带来多大的调整效应呢？为了给出农地流转与种植结构调整的新解释，提供破解粮食安全问题更好的方案，本章将对该问题做进一步的研究。

实际上，讨论农地流转对农业种植结构的影响一直都是国内外研究的重要问题，但学术界尚未得出一致的结论。其中，一部分学者认为农地流转促进了农业种植结构的非粮化调整，并且对粮食安全形成严峻挑战（黎霆等，2009；易小燕和陈印军，2010；Zhao et al.，2017；徐志刚等，2017；

---

① 《人民日报》发表宁吉喆署名文章. 中国经济再写新篇章（经济形式理性看）［EB/OL］. 国家统计局官网，2020 - 01 - 22.

② 农村经济持续发展 乡村振兴迈出大步——新中国成立 70 周年经济社会发展成就系列报告之十三［EB/OL］. 国家统计局官网，2019 - 08 - 07.

匡远配和刘洋，2018；高晓燕和赵宏倩，2021）。具体而言，郭欢欢（2014）从成本与收益的角度分析认为，蔬菜作物可承受的土地租金压力要远大于粮食作物，在土地流转租金的胁迫下农户将会选择增加经济作物的种植比例。黄伟（2014）进一步将农地流转促使种植结构非粮化的原因归结为粮经作物的利润差异、农民粮食安全意识淡漠以及政府监管不足三个方面。

然而，另有一部分学者却得出截然相反的结论。他们研究认为农地转入促进粮食播种面积占比的显著提升，具有促进种植结构趋粮化的效应，从而不会对粮食安全造成负面影响（陈菁和孔祥智，2016；钱龙等，2018；Liu et al.，2018）。上述观点的主要逻辑是农地转入促进了规模化以及机械化的发展，进而提高机械作业率更高的粮食作物种植。进一步地，张宗毅和杜志雄（2015）研究发现，在土地转入规模较小时非粮化的比例较高，但是随着土地经营规模的扩大，经济作物播种面积占比显著降低。罗必良和仇童伟（2018）认为，在家庭农业劳动力充裕的情景下，农地转入将引发种植结构的非粮化，但随着农业劳动力刚性约束的增强，农户转入农地后更倾向进行趋粮化生产。

现有研究为认识和理解农地转入与农业种植结构调整的关系提供了重要的文献基础。但是，仔细推敲后可以发现以下两点不足。第一，忽略了潜在的"样本自选择"问题。在农地转入影响种植结构调整的问题中，一方面农户会基于自身的禀赋特征来决定是否转入农地，同时经济作物种植比例较高的农户，由于具备相对充分的资金支持和扩大种植规模的需求可能又会进一步选择转入农地，即农户的农地转入决策会依赖于自身禀赋和种植结构的调整，导致选择行为存在非随机性，并形成"样本自选择"。根据已有的理论研究（Kenny et al.，1979；Hartman，1988；Heckman，1990），如果样本自选择偏差被忽略或得不到有效解决，将会造成参数估计的有偏和非一致，影响研究结论的可信性。

第二，分析农地转入影响农业种植结构调整的问题时缺乏农户风险偏好情境的考察，异质性讨论不足。一般而言，农户的行为决策与其禀赋特征及约束条件相匹配（Mekonnen，2009）。农业种植结构的非粮化调整，农户的预期收益增加，但也必然承担结构调整所带来的各种风险，例如基础设施建设投资、种植管护知识的不匹配以及对经济作物价格市场的把握不足等均使得潜在风险增加。换言之，农户调整种植结构的决策除了要考虑预期收益之外，可能还会受自身风险偏好特征的约束。按照上述逻辑推断，农户种植结构的调整应该具有风险偏好情境的依赖性，情境和约束条件的变化均可能诱致种植结构的调整。

鉴于此，本章基于罗森鲍姆和鲁宾（Rosenbaum and Rubin，1983）提出的"反事实"分析框架和大样本的微观调研数据，利用倾向得分匹配法克服可能存在的样本自选择偏差后，系统考察农地转入对农业种植结构的影响效应。进一步地，本章还重点考察转入农地影响种植结构调整的农户风险偏好情境依赖特征，讨论农户的风险偏好所发挥的调节效应。上述问题的研究对于深入理解种植结构非粮化的生成逻辑、澄清农地转入与种植结构调整的关系以及保障国家粮食安全都具有十分重大的意义。

6.2　数据、变量与模型

6.2.1　数据来源

本章使用的数据是由中国金融调查与研究中心组织实施并公开的2015年中国家庭金融调查。该调查基于分层、多阶段与规模成比例（PPS）的现代抽样技术和计算机辅助调查系统（CAPI），调查了全国29个省（区、市），351个县，1396个村（居）委会，样本规模为37289户。调查的主要内容包括：人口统计学特征、金融与非金融资产（如土地）、社会保障与商业保险以及家庭收入与支出等相关信息，是开展经济和管理类研究的一套有效数据库。

考虑到本章关注的样本为农业生产经营活动的主要参与者，故在截取数据时，则根据问卷中"去年，您家是否从事农业生产经营（包括农、林、牧、渔，不包括受雇于他人的农业生产经营）？"筛选出了2742个从事农业生产经营活动的基准样本。需要说明的是，具体的实证模型中，如调节效应模型、异质性讨论需要对样本进行调整或剔除，样本数量存在一定变动，这将在计量模型和回归结果的表格处进行详细标注与说明。

6.2.2　变量选取

1. 被解释变量为农业种植结构

该变量利用经济作物播种面积比例（经济作物播种面积/农户播种总面积）来衡量。需要说明的是，考虑到玉米作为一种饲料粮，驱动国内玉米种植的因素比较特殊，农户关于是否种植玉米、种植多少玉米的决策除了受人力资本与技术进步等因素的影响之外，更多的是受政策左右（叶初升和马玉婷，2020）。由于本章所用数据为截面数据，并不能实现对时间维度上政策变动的控制，特别是对不同月份和省份提出的差异化政策更是难以捕捉。如果把玉米列入其中一起考虑，可能会稀释甚至掩盖转入农地在种植结构调整中的影响效应。为了使研究结论更纯粹，在核算粮食作物播种面积方面只选取了稻谷和小麦两种主粮作物进行考察。另外，考虑到筛选出的样本来自 25 个省（区、市），在区位因素的影响下经济作物的种植种类和分布可能存在不平衡性。因此，除了选取蔬菜、瓜果等一般性的经济作物之外，还根据 CHFS2015 年的数据选入了大豆、棉花、甘蔗、花生、烟叶以及香料作物来共同核算经济作物的种植面积。

2. 核心解释变量为是否转入农地

问卷向被访者询问了"去年，您家是否转入耕地？"并且给被访者设计了"是"和"否"两个选项，选项"是"赋值为 1，"否"赋值为 0。从样本的整体统计特征来看，转入农地的农户有 613 户，占样本总人数的22.31%；没有转入农地的农户 2129，占样本总人数的 77.69%。此外，本章重点关注的另一个核心解释变量是农户风险偏好程度。埃克尔等（Eckel et al.，2008）、梅纳帕斯等（Menapace et al.，2016）等学者根据被调查者对收益不确定性的态度来捕捉风险偏好程度。借鉴了上述学者的思想，利用 CHFS2015 问卷中设计的如下问题来测度农户的风险偏好："如果您有一笔资金用于投资，您最愿意选择哪种投资项目？"可供被访者选择的选项分别为"①高风险高回报的项目""②略高风险略高回报的项目""③平均风险平均回报的项目""④略低风险略低回报的项目""⑤不愿意承担任何风险"。我们将选择①的农户定义为风险偏好型农户，约占样本总数的 4.85%；将选择②③④的农户定义为风险中性农户，占样本总数的 29.38%；将选择⑤的农户定义为风险厌恶型农户，占样本总数的 55.56%。[①] 样本的统计性特征显示，从事农业生产经营的农户大多属于风险厌恶型，这与当前中国小规模农户具有偏高的风险规避特征相吻合（Cardenas et al.，2005；毛慧等，2018）。

3. 协变量

根据 2015 年中国家庭金融调查数据，参考杨进等（2016）、檀竹平等（2019）、林大燕和朱晶（2015）的研究，模型中还控制了一些可能影响种植结构调整和是否转入农地的变量，包括农地确权情况、是否为贫困户、是否有家庭成员担任村干部、是否为农业经营主体、家庭有效劳动力投入、是否有用于农业生产的牲畜、政府给予的农业补贴价值、自有农机价值、农资租赁支出以及家族关系网络强度等。此外，考虑到不同区位的初始禀赋（例如地形、气候等）可能存在较大的差异，模型中则以引入虚拟变量的形式控制区位效应来弱化地区之间由于资源禀赋差异带来的回归结果偏误问题。需要进一步说明的是，为了使变量尽量逼近正态分布，同时减小异方差，本章对一些变量做了自然对数转换。各变量的定义和描述性统计的结果如表 6 - 1 所示。

表 6 - 1　　　　　　　　　变量定义与描述性统计

变量		转入农地组		未转入农地组	
		均值	标准差	均值	标准差
被解释变量	经济作物播种面积比例（经济作物播种面积/农户播种总面积）	0.0796	0.2071	0.0603	0.1790
核心解释变量	是否转入农地（转入 =1，未转入 =0）	1.0000	0.0000	—	—
	风险偏好程度（以"风险中性"为参照）偏好风险	0.0555	0.2291	0.0465	0.2106
	厌恶风险	0.0832	0.2764	0.1075	0.3098

---

① 由于剔除了选择"⑥不知道"的样本，各类型样本加总后占比小于 100%。

续表

变量		转入农地组		未转入农地组	
		均值	标准差	均值	标准差
其他解释变量	农地转入面积（亩），取自然对数	1.9868	1.4625	—	—
	农地转入年限（年）	4.4311	7.5222	—	—
	农地确权情况（已确权=1，未确权=0）	0.4943	0.5004	0.4685	0.4991
	是否为贫困户（贫困户=1，非贫困户=0）	0.1272	0.3335	0.1493	0.3565
	是否有家庭成员担任村干部（有=1，没有=0）	0.0783	0.2689	0.0657	0.2479
	是否为农业经营主体（是=1，否=0）	0.0424	0.2017	0.0141	0.1179
	家庭有效劳动力投入（家庭从事农业经营的劳动力人数×平均从事农业经营的月数，单位：月）	13.7892	8.3822	12.7570	9.4702
	是否拥有用于农业生产经营的牲畜（有=1，没有=0）	0.1762	0.3813	0.1160	0.3203
	政府给予的农业补贴金额（元），取自然对数	6.3514	1.0514	6.1407	1.0147
	自有农机价值（元），取自然对数	5.2790	4.2429	3.1662	4.1174
	租赁农资支出（元），取自然对数	4.6286	3.7893	3.8033	3.5267
	家族关系网络强度（本村内有血缘关系的亲戚个数）	2.7145	1.0959	2.6768	1.1091
	区位虚拟变量（以"西部省份"为参照）　东部省份	0.1843	0.3881	0.2822	0.4512
	中部省份	0.5253	0.4998	0.4418	0.4967

6.2.3　模型设定

1. 倾向得分匹配法

一般而言，农户选择是否转入农地与个人的禀赋特征密切相关，而且还有可能是农户根据种植结构调整所带来的预期收益而作出的决定。因此，农户转入农地可能是一种"自我选择"的结果，如果直接进行回归很可能造成自选择性偏误。为了得到转入农地者（干预组）相比于非转入农地者（控制组）真实的种植结构差异，一种可靠的方法就是寻找

"反事实"结果（如果这些农地转入者选择不转入农地，经济作物播种面积比例会是多少）。然而，观测性截面数据只能显示一种状态，转入或非转入，严格的"反事实"结果是找不到的，只能在一些假设条件下构造出近似的"反事实"结果。罗森鲍姆和鲁宾（1983）提出的倾向得分匹配法（propensity score matching，PSM）实现了在大样本截面数据条件下构造反事实结果的目标，并得到了学术界的广泛认可和应用（Jalan and Ravallion，2003；Dehejia and Wahba，2006；Mendola，2007；Eyjolfsdottir et al.，2019）。

鉴于此，采用倾向得分匹配法来尝试解决自选择性偏误问题，具体步骤如下。

第一步，预测倾向得分值。根据可观察到的协变量，利用 Logit 模型来估计农户出现在转入农地组的概率：

$$P(X_i) = \Pr(D_i = 1 | X_i) = \frac{\exp(\alpha X_i)}{1 + \exp(\alpha X_i)} \tag{6.1}$$

$D_i = \{0,1\}$ 表示是否处于干预组，其中 $D_i = 1$ 表示第 i 个农户进入干预组，即转入农地；$D_i = 0$ 则表示第 i 个农户没有进入干预组，即未转入农地；X_i 表示协变量向量；α 是相应的待估计参数。

第二步，设置匹配方法并根据倾向得分值进行匹配，即在未转入农地组中寻找转入农地组的反事实结果。从已有的研究来看（Becker et al.，2002；Abadie et al.，2006），倾向得分基础上常用的匹配方法包括最小近邻匹配、半径匹配、核匹配、样条匹配以及局部线性回归匹配等。

第三步，基于匹配后的样本计算干预组和控制组结果变量（例如经济作物播种面积比例）的平均差异，即干预组的平均处理效应（average treatment effect on the treated，ATT）：

$$\begin{aligned} ATT &= E\big[(Y_{1i} - Y_{0i}) | D_i = 1 \big] \\ &= E\big\{ E\big[(Y_{1i} - Y_{0i}) | D_i = 1 \big], P(X_i) \big\} \\ &= E\big\{ E\big[Y_{1i} | D_i = 1, P(X_i) \big] - E\big[Y_{0i} | D_i = 0, P(X_i) \big] \big\} \end{aligned} \tag{6.2}$$

式（6.2）中，等式左端表示满足共同支撑条件下经过得分值加权后转入农地者和未转入农地者经济作物播种面积比例的平均差异；等式右端 Y_{1i} 为转入农地农户的经济作物播种面积比例，Y_{0i} 为未转入农地农户的经济作物播种面积比例，$P(X_i)$ 是指倾向得分，其中具有相同或相近倾向得分的未转入农地者构成了反事实的假设组。

需要进一步说明的是，由于匹配算法的选择主要取决于样本的分布特征，所考察的样本中，转入农地者有 613 个观察值，而未转入农地者有 2129 个观察值。如果采用无放回的一对一匹配，即使 613 个干预组样本全部实现匹配，但控制组的绝大多数（约 2/3）样本被舍弃，尽管这样处理能够在很大程度上纠正估计偏差，但大比例舍弃样本又会对估计效率造成严重的影响，即存在估计偏差与估计效率的权衡问题。为此，我们采用有放回的方式，并且辅以多种匹配策略来验证参数估计结果的稳健性。

2. 调节效应模型

在考察农地转入影响农业种植结构调整可能存在的农户风险偏好情境依赖性问题时，根据詹姆斯等（James et al.，1984）和温忠麟等（2005）的研究建立如下调节效应模型：

$$Y_i = \alpha_1 + \alpha_2 T_i + \alpha_3 M_i + \alpha_4 T_i M_i + \alpha_5 X_i + \varepsilon_i \qquad (6.3)$$

进一步地，式（6.3）可改写为：

$$Y_i = \alpha_1 + \alpha_3 M_i + (\alpha_2 + \alpha_4 M_i) T_i + \alpha_5 X_i + \varepsilon_i \qquad (6.4)$$

其中，Y_i 为被解释变量，即第 i 个农户的经济作物播种面积比例；T_i 为核心自变量，我们设置农地转入面积和农地转入年限 2 个变量；M_i 为调节变量，为农户风险偏好程度；X_i 表示一系列控制变量；α_1、α_2、α_3、α_4 和 α_5 为待估计参数。从式（6.4）可以发现，Y_i 与 T_i 的关系由回归系数 $\alpha_2 + \alpha_4 M_i$ 来刻画，并且该系数是 M_i 的线性函数，即 T_i 对 Y_i 的影响会依据情境 M_i 的变化而变化，其中 α_4 衡量了调节效应的大小。

6.3　实证结果与分析

6.3.1　倾向得分的估计与平衡性检验

首先，利用 Logit 概率模型来估计样本进入转入农地组的条件概率。通过回归得到如表 6-2 所示的结果。从结果中可以发现，农户家庭是否为农业经营主体、是否有用于农业生产的牲畜、自有农机价值、租赁农资支出以及区位效应中东部省份等变量均与农户是否转入农地的决策高度相关。根据该结果可以认为，农户选择是否转入农地并不具有随机性，而是根据自身的一些禀赋特征所做出的"自我选择"行为，即自选择偏差是实际存在的。

表 6-2　　　　　协变量对转入农地决策的影响（Logit 模型）

变量		系数	标准误
农地确权情况		0.1146	0.0976
风险偏好程度（以"风险中立"为参照）	偏好风险	0.0622	0.2154
	厌恶风险	-0.1181	0.1691
是否为贫困户		-0.1760	0.1415
是否有家庭成员担任村干部		-0.0121	0.1828
是否为农业经营主体		0.6661 **	0.2937
家庭有效劳动力投入		0.0082	0.0051
是否拥有用于农业生产经营的牲畜		0.6135 ***	0.1395
政府给予的农业补贴价值		-0.0426	0.0511
自有农机价值		0.1189 ***	0.0120
租赁农资支出		0.0828 ***	0.0139
家族关系网络强度		-0.0101	0.0435
区位效应（以"西部省份"为参照）	东部省份	-0.2672 *	0.1425
	中部省份	0.1912	0.1201
常数项		-2.0661 ***	0.3475
Pseudo R^2		0.0683	
LR 检验 χ^2		198.96 ***	
样本量		2742	

注：*、** 和 *** 分别表示 $p < 0.1$、$p < 0.05$ 和 $p < 0.01$。

在得到倾向得分值之后，为保证倾向得分匹配结果的准确性，则需要进一步检验匹配后各协变量在转入农地组和未转入农地组之间是否仍存在显著差异，即平衡性检验。根据条件外生假设，所有的协变量在干预组和控制组之间均保持平衡，分布不存在系统差异。各协变量匹配前后的平衡性检验结果如表 6 - 3 所示。从匹配结果可以发现，匹配前大多数变量（9/14）在转入农地组和未转入农地组之间存在显著差异，匹配后所有协变量的差异不再显著。即使匹配前无显著差异的协变量，匹配后相应的 T 值也显著降低，表明匹配后转入农地组和未转入农地组的系统性差异被完全消除或显著缩小。此外，联合显著性检验显示（见表 6 - 3 最后两行），匹配后模型整体的伪 R^2 下降至 1% 以内，协变量差异的联合显著性检验的卡方值（Chi^2）说明协变量不再具有显著的差异。上述结果表明，所设置的协变量通过了倾向得分匹配方法适用的平衡性检验，并且匹配质量较高。

表 6 - 3　　　　　　　　　　　协变量匹配质量检验结果

| 变量 | 样本 | 均值 | | | 偏差降低比率（%） | T 检验 | |
		处理组	控制组	偏差率（%）		T 值	p > |t|
农地确权情况	匹配前	0.4943	0.4683	5.2		1.14	0.256
	匹配后	0.4943	0.5171	- 4.6	12.1	- 0.80	0.424
偏好风险	匹配前	0.0555	0.0465	4.1		0.91	0.363
	匹配后	0.0555	0.0481	3.3	18.1	0.58	0.562
厌恶风险	匹配前	0.0832	0.1071	- 8.1		- 1.72 *	0.085
	匹配后	0.0832	0.0775	1.9	76.1	0.37	0.713
是否为贫困户	匹配前	0.1274	0.1494	- 6.4		- 1.37	0.170
	匹配后	0.1272	0.1199	2.1	66.8	0.39	0.696
是否有家庭成员担任村干部	匹配前	0.0783	0.0658	4.9		1.08	0.279
	匹配后	0.0783	0.0987	- 7.9	- 62.5	- 1.26	0.209
是否为农业经营主体	匹配前	0.0424	0.0141	17.1		4.38 ***	0.000
	匹配后	0.0424	0.0416	0.5	97.1	0.07	0.943
家庭有效劳动力投入	匹配前	13.7890	12.7520	11.6		2.45 **	0.014
	匹配后	13.7890	14.019	- 2.6	77.8	- 0.44	0.664
是否拥有用于农业生产经营的牲畜	匹配前	0.1762	0.1160	17.1		3.92 ***	0.000
	匹配后	0.1762	0.1876	- 3.2	81.0	- 0.52	0.605
政府给予的农业补贴价值	匹配前	6.3514	6.1409	20.4		4.49 ***	0.000
	匹配后	6.3514	6.3844	- 3.2	84.3	- 0.56	0.578

变量	均值				偏差降低比率（%）	T 检验	
	样本	处理组	控制组	偏差率（%）		T 值	p > |t|
自有农机价值	匹配前	5.2790	3.1637	50.6		11.13***	0.000
	匹配后	5.2790	5.3350	−1.3	97.4	−0.23	0.818
租赁农资支出	匹配前	4.6286	3.8051	22.5		5.01***	0.000
	匹配后	4.6286	4.4154	5.8	74.1	1.01	0.312
家族关系网络强度	匹配前	2.7145	2.6768	3.4		0.74	0.458
	匹配后	2.7145	2.6338	7.3	−114.3	1.29	0.196
东部省份	匹配前	0.1843	0.2823	−23.3		−4.89***	0.000
	匹配后	0.1843	0.1811	0.8	96.7	0.15	0.883
中部省份	匹配前	0.5253	0.4420	16.7		3.65***	0.000
	匹配后	0.5253	0.5016	4.7	71.6	0.83	0.408
联合检验	Pseudo R^2	LR（Chi^2）				p > Chi^2	
匹配前	0.068	198.30***				0.000	
匹配后	0.006	10.95				0.690	

注： *、** 和 *** 分别表示 p < 0.1、p < 0.05 和 p < 0.01。

6.3.2　干预组平均处理效应分析

基于六种匹配策略估计转入农地者与未转入农地者经济作物播种面积比例的平均差异，模型各参数的估计结果如表 6 - 4 所示。从结果可以发现：无论是采用最小近邻匹配，还是局部线性回归匹配、半径匹配、马氏匹配以及核匹配，抑或是 300 次迭代自助抽样的样条匹配，估计结果均显示，在消除转入农地者与未转入农地者间可观测的系统性差异后，农地转入显著（5% 或 10% 显著性水平）提高经济作物播种面积占比，即农地转入显著促进农业种植结构的非粮化调整。

表 6-4　　　　　　　　农地转入影响农业种植结构调整的估计结果

匹配方法	经济作物播种面积比例的变化均值			标准误	共同支撑样本量	
	干预组	控制组	ATT		干预组	控制组
最小近邻匹配（1∶1）	0.0796	0.0586	0.0210 **	0.0121	613	2112
最小近邻匹配（1∶2）	0.0796	0.0625	0.0171 *	0.0108	613	2112
最小近邻匹配（1∶3）	0.0796	0.0615	0.0181 **	0.0104	613	2112
局部线性回归匹配	0.0796	0.0574	0.0222 *	0.0120	613	2112
半径匹配	0.0815	0.0607	0.0208 **	0.0115	485	1268
马氏匹配	0.0844	0.0472	0.0373 **	0.0168	292	570
核匹配	0.0796	0.0641	0.0155 *	0.0093	613	2112
样条匹配	—	—	0.0111 *	0.0064	—	—
最小近邻匹配（Trim 5%）	0.0795	0.0587	0.0208 *	0.0120	582	2028

注：最小近邻匹配均采取有放回的方式；半径匹配中，半径选取 0.0003；核匹配中，核函数为 normal，带宽为 0.01；局部线性回归匹配中，核函数为 normal，带宽为 0.0001；样条匹配采用 300 次迭代自助抽样方法；*、** 分别表示 $p < 0.1$、$p < 0.05$。

　　进一步地，从平均处理效应的大小来看，农地转入对农业种植结构非粮化的调整效应集中在 0.01～0.04 的水平。换言之，在其他因素保持不变的条件下，农地转入者的经济作物播种面积比例比未转入农地者高约 1～4 个百分点。尽管不同的匹配策略下 ATT 值的显著性和数值略有差异，但是我们有充分的证据得出结论：农户层面农地转入显著提高经济作物播种面积占比，即促进了农业种植结构的非粮化调整。从影响效应的大小来看，统计性指标显示，转入农地者经济作物播种面积占比的均值为 0.0796，未转入农地者的均值为 0.0603，而实证结果表明前者与后者相差约 1～4 个百分点。通过比较可以发现，农地转入对农业种植结构的非粮化调整具有十分明显的促进作用，也意味着农地转入必然会给粮食播种面积带来巨大的不利冲击，并且可能会进一步影响粮食安全。

　　另外，考虑到转入农地者与未转入农地者具有不同的倾向得分值分布，前者的倾向得分接近于 1，而后者更接近于 0。为降低异常得分值样本对估计结果的干扰，我们利用倾向得分匹配法中的修剪技术"修剪"掉转入农地组和未转入农地组倾向得分分布最高和最低的 5% 样本（见表 6-4 第 9 行），把两组样本的比较限定在特定区域。结果表明，修剪掉样本后并没有显著改变估计结果和研究结论，这意味着倾向得分匹配的估计结果对于不同的匹配比例、多种匹配方法以及极端样本的修剪均是稳健的。

6.3.3 对农户风险偏好调节效应的考察

从上文已有的研究结论来看，转入农地显著促进农业种植结构的非粮化调整。然而，农业种植结构的非粮化调整在提高农户预期收益的同时，还会带来资产专用性、基础设施建设投资以及未来价格预期不确定性等方面的风险（林大燕和朱晶，2015）。因此，农户实施调整种植结构的决策除了要权衡预期收益外，还可能会考虑自身的风险偏好特征，即在转入农地影响种植结构调整的逻辑中应该具有农户风险偏好情境的依赖性。这意味着在农户不同的风险偏好特征下，转入农地对农业种植结构调整的影响可能存在差异，例如偏好风险的农户可能会采取积极的调整策略，以预期收益为目标提高经济作物的种植比例。然而，风险厌恶者可能为了规避风险而采取较为稳健的生产行为，例如小幅度提高或者观望后再调整抑或不调整等。我们设计如下实证策略对上述推断进行验证。

基于转入农地的样本，参考温忠麟等（2005）的方法构建以农户风险偏好程度为调节变量的调节效应模型，同时引入农地转入规模和农地转入年限两个变量来考察农户风险偏好程度的调节效应。此处将调节变量设置为连续型变量，由于农户风险偏好程度数据为 1～5（偏好风险→厌恶风险）的定序变量，而且选项之间的间隔也比较均匀。根据已有的理论研究（温忠麟等，2005），在进行调节效应分析时可以将其视为连续变量，以交互项系数的显著性来判断调节效应是否存在。

需要进一步说明的是，由于被解释变量的取值范围为 0～1，并且存在较多的 0 值，具有混合分布（mixed distribution）的特征。为确保一致性的系数估计值，此处采用 Tobit 模型，并且参照该模型的系数估计值进行解释。与此同时，我们也对 OLS 估计结果进行报告，目的是提供一个系数正负方面的稳健性检验。模型各参数的估计结果如表 6-5 所示。

表 6 - 5　　　　　　　　　农户风险偏好调节效应的估计结果

变量	OLS 估计		Tobit 估计	
	系数	标准误	系数	标准误
风险偏好程度	- 0. 0385 **	0. 0176	- 0. 2533 **	0. 1062
转入农地规模	0. 0302	0. 0228	0. 2134 *	0. 1258
转入农地年限	0. 0030	0. 0063	0. 0318	0. 0308
风险偏好程度 × 转入农地规模	- 0. 0112 **	0. 0054	- 0. 0733 **	0. 0309
风险偏好程度 × 转入农地年限	- 0. 0004	0. 0016	- 0. 0054	0. 0080
农地确权情况	0. 0202	0. 0235	0. 1479	0. 1387
是否为贫困户	- 0. 0073	0. 0353	0. 0796	0. 2019
是否有家庭成员担任村干部	- 0. 0129	0. 0428	0. 0134	0. 2437
是否为农业经营主体	- 0. 0518	0. 0557	- 0. 1452	0. 3501
家庭有效劳动力投入	0. 00005	0. 0015	0. 0082	0. 0087
是否拥有用于农业生产经营的牲畜	0. 0598 *	0. 0337	0. 4183 **	0. 1923
政府给予的农业补贴价值	0. 0109	0. 0130	0. 0218	0. 0775
自有农机价值	0. 0050	0. 0031	0. 0313 *	0. 0192
租赁农资支出	- 0. 0026	0. 0031	- 0. 0175	0. 0184
家族关系网络强度	0. 0071	0. 0106	- 0. 0013	0. 0609
东部省份	0. 0689 *	0. 0389	0. 4869 **	0. 2428
中部省份	0. 0741 **	0. 0331	0. 5490 **	0. 2196
常数项	- 0. 2274 **	0. 1137	- 2. 6928 ***	0. 7534
Pseudo R^2	—		0. 0582	
Adj R^2	0. 0121		—	
样本量	389		389	

注: * 、 ** 和 *** 分别表示 $p < 0.1$、 $p < 0.05$ 和 $p < 0.01$。

从上述表格的结果可以发现, 风险偏好程度变量对趋粮化具有显著的负向影响, 表明农户越偏好风险越倾向对种植结构进行非粮化调整 (见表 6 - 5 第 3 列)。转入农地规模显著提高经济作物播种面积比例, 并且农户风险偏好程度与转入农地规模的交互项的系数在 5% 的统计性水平上显著异于 0, 表明农户的风险偏好强化了农地转入规模对农业种植结构非粮化调整的影响效应, 所发挥的调节效应为 0. 0733 (见表 6 - 5 第 3 列)。从边际效应看, 在农户风险偏好的调节作用下, 农地转入规模对经济作物播种面积比例的影响效应提升约 0. 07。换言之, 假定农户风险偏好变动 1 个单位, 那么农地转入规模每提高 1%, 经济作物播种面积比例则相应上升约0.3个百分点。

进一步地，根据统计数据可以进行局部均衡分析，以体现上述影响效应的强弱。统计数据显示，全国家庭承包耕地流转面积从2004年的0.58亿亩上升至2018年的5.3亿亩，① 年均提高约17%。按照模型的估计结果，经济作物播种面积比例年均提高0.051个百分点，粮食播种面积则相应减少126.93万亩②。按照粮食产量750斤/亩③计算，农地流转会导致粮食产量减少9.52亿斤。按照430公斤/人·年的粮食消费量（高延雷和王志刚，2020），减少的这部分粮食可以满足约111万人一年的需求。由此可见，这对于粮食数量安全而言是一个巨大的冲击。

农户风险偏好在转入农地年限方面没有发挥显著的调节效应。从实际情况来看，以小麦和玉米主产区山东省为例，调研发现农地流转主要存在两种类型。第一种为规模流转。由村委会牵头，归集20~30亩④集中连片、易灌溉且肥力好的农地，并将其统一流转给村庄内较为年轻的农户或返乡创业者。这类农地流转的租金一般比较高，约为600~800元/亩，但是转出的农地却大部分改种大棚蔬菜或者修建仓储厂房，从事非粮甚至非农经营，种植结构出现了比较明显的调整。第二种为零星流转。即农地在村民与村民之间流转，流转面积集中为3~5亩的较小规模，并且大多为非连片的地力贫瘠的土地，这类土地流转租金相对便宜，在200~400元/亩的范围。但是，该类土地流转的一个典型特征是，土地流转后会继续种植小麦或玉米，农业种植结构不会发生显著变化。

6.3.4　异质性考察

为检验农户风险偏好调节效应的稳健性，我们从异质性的角度进一步对上述结果展开讨论。具体的实证策略为，按照风险偏好程度将农户划分

---

① 农村经济持续发展　乡村振兴迈出大步——新中国成立70周年经济社会发展成就系列报告之十三 [EB/OL]. 国家统计局官网，2019–08–07.

② 按照2019年农作物总播种面积165930.7千公顷计算。

③ 国家统计局关于2018年粮食产量的公告 [EB/OL]. 国家统计局官网，2018–12–14.

④ 调研地区的人均耕地面积为0.8~1.2亩，集中流转20~30亩则属于相对较大规模。

为风险偏好者、风险中性者以及风险厌恶者三类，并且利用倾向得分匹配法分别估计各组样本转入农地对农业种植结构调整的影响。模型各参数的估计结果如表 6 - 6 所示。从结果中可以发现，无论是风险偏好者，还是风险中性者，抑或是风险厌恶者，农地转入均显著提高了经济作物播种面积比例，即农地转入促进农业种植结构的非粮化调整。但需要指出的是，在按照风险偏好程度划分的三组样本中，农地转入带来的种植结构调整效应大小方面存在显著差异，其中风险偏好者发挥的调节效应最大，风险中性者次之，风险厌恶者最小。这意味着，农地转入对农业种植结构调整的影响确实具有风险偏好情境依赖特征，并且可以进一步确定在农地转入影响种植结构非粮化调整的过程中，农户风险偏好具有显著的强化作用。

表 6 - 6　　　农地转入影响种植结构调整的异质性估计结果

匹配方法	经济作物播种面积比例的变化均值			标准误	共同支撑样本量	
	干预组	控制组	ATT		干预组	控制组
风险偏好程度[a]						
风险偏好农户	0.0880	0.0113	0.0766 *	0.0400	34	88
风险中性农户	0.0602	0.0297	0.0305 *	0.0174	194	596
风险厌恶农户	0.0872	0.0600	0.0273 *	0.0160	380	1414
是否为贫困户[b]						
贫困户	0.0683	0.0618	0.0066	0.0357	76	312
非贫困户	0.0815	0.0492	0.0324 ***	0.0125	535	1808
是否有家庭成员担任村干部[c]						
有人担任村干部	0.0798	0.0337	0.0461 ***	0.0157	43	127
无人担任村干部	0.0800	0.0558	0.0243 *	0.0128	565	1979

注：a. 由于是按照风险偏好程度分组，在进行样本匹配时剔除了协变量中"风险偏好程度"的虚拟变量；b. 匹配时剔除了"是否为贫困户"的虚拟变量；c. 匹配时剔除了"是否有家庭成员担任村干部"的虚拟变量。匹配方法为有放回的最小近邻 1 : 1 匹配；* 、*** 分别表示 $p < 0.1$、$p < 0.01$。

此外，按照"农户是否被认定为贫困户"进行分组考察。研究发现，转入农地对种植结构非粮化的影响效应仅在非贫困户样本中显著且方向为正，在贫困户样本中不再显著。换言之，农地转入仅是促进了非贫困户群体农业种植结构的非粮化调整。这可能与种植结构的非粮化调整需要较高的前期投资有关。

进一步地，按照"是否有家庭成员担任村干部"进行分组考察。研究发现，家庭成员有人担任村干部和无人担任村干部的样本中，农地转入对种植结构非粮化调整的促进效应分别在1%和10%的统计性水平上显著。但是，在影响效应大小方面前者则明显大于后者，这可能与村干部家庭具有较高的资源整合能力有关。

6.4　本章小结

本章基于中国家庭金融调查数据（CHFS），利用倾向得分匹配法和调节效应模型，考察农地转入对农业种植结构调整的影响，并且进一步分析农户风险偏好因素在其中发挥的调节效应。

分析主要有以下三点发现。第一，农地转入行为显著促进农业种植结构的非粮化调整，并且农户风险偏好具有强化调节效应。农地转入显著提高经济作物播种面积占比，并且该影响具有明显的农户风险偏好情境依赖特征，表现为农户风险偏好强化农地转入对农业种植结构非粮化调整的影响。第二，农地转入规模显著促进农业种植结构的非粮化调整，农户风险偏好发挥强化调节效应。农地转入规模越大，非粮化趋势越明显。农地转入年限对农业种植结构的非粮化调整的影响并不显著。第三，农地转入对农业种植结构非粮化的影响呈现高度异质性。具体地，对家庭成员中有人担任村干部农户的影响要大于家庭中无人担任村干部者，该影响在非贫困户中显著，而在贫困户中不显著。

需要进一步说明的是，本章从农地转入者的角度分析农地流转与农业种植结构调整的关系。按照本书的逻辑，我们应该分析农地转出以及与之匹配的农业种植结构调整问题。但是，从实证的角度来讲，由于样本数据不能匹配（农地转出行为的发出者与农业种植结构调整的样本不一致），用农业种植结构对农地转出回归不具有可行性。那么，从农地转入的角度设计实证策略不失为一种优选方案。一方面能够克服两种行为（农地流转与农业种植结构调整）的发出者不匹配的问题；另一方面可以揭示农地流转与农业种植结构调整的事实关系，即回答了流转出去的农地"种了什么"的问题。

第7章

人口城镇化与粮食安全

7.1 引言

2010 年，戈弗雷等发表在《科学》（*Science*）杂志上的文章指出，人口增长和消费水平提高意味着全球粮食需求增长至少再延长 40 年（Godfray et al.，2010）。消费需求持续增长形成世界范围内的粮食安全压力，确保粮食安全成为各国的一项重要战略。例如，新冠肺炎疫情期间，越南、俄罗斯、哈萨克斯坦以及乌克兰等 18 个粮食出口国采取出口管制措施，以限制粮食出口贸易。与此同时，有 20 多个国家提高了粮食储备量，以防范粮食危机。上述现象深刻反映了粮食安全问题的重大性和紧迫性，同时意味着立足国内资源禀赋确保粮食安全的重要意义。

14 亿人口意味着中国必然是一个粮食消费大国，同时有限的资源禀赋也意味着中国是一个粮食安全弱国，利用世界 7% 的耕地养活世界约 20% 的人口，为世界粮食安全事业贡献了重要力量，这也深刻反映了中国粮食安全面临人多地少的现实困境。当前，世界格局正在发生剧烈变革，贸易结构出现大变局，粮食海外贸易风险与不确定性显著增加，进一步倒逼并加速粮食安全问题回归国内资源和市场。"把饭碗牢牢端在自己手里，而且要装自己的粮食"成为新的粮食安全观。因此，研究如何立足国内有限的资源禀赋，构建系统性粮食安全防线，满足 14 亿人的粮食需求意义特别重大。

从实际情况来看，粮食安全存在诸多问题。具体来说，粮食面临成本上升（王向辉，2015）、资源不足（唐华俊，2014）以及可持续性差（Liu，2014）等困境，粮食安全形势并不乐观。与此同时，人口城镇化快速发展，从改革开放初期的 17.92% 稳定增长至 2019 年的 60.60%，年均增长超 1 个百分点。不可否认，人口城镇化在促进产业升级、扩大内需以及带动经济发展等方面发挥了重要作用（周诚君，2013），但也应该意识到人口城镇化带来的农业劳动力供给约束（丁守海，2014）和粮食需求量显著增长（高延雷等，2018）。在此情境下，人口城镇化带来的劳动力要素再配置与食物需求结构再调整，以及可能由此引致的粮食安全问题亟待学术界探讨和研究。

从现有研究看，学术界对城镇化与粮食安全关系进行了探索性研究。一部分文献侧重理论解释。例如，马图什克（Matuschke，2009）研究认为，人口城镇化显著影响粮食供给量、稳定性、安全性以及可获得性。钟甫宁和向晶（2012）研究发现，城乡消费结构变化提高了粮食需求总量，从而可能在需求侧给粮食安全带来压力。冷智花和付畅俭（2014）分析了城镇化方式可能给粮食安全带来的影响，认为城镇化空间扩张不利于保障粮食安全。另一部分文献则从要素投入角度分析二者关系。杨和李（Yang and Li，2000）研究发现，城镇化引起大量耕地转化为城市建设用地，并造成农地污染，从而给粮食安全带来不利影响。陈（Chen，2007）研究认为，城镇化因造成土壤质量退化而有损于粮食产能。韩吉拉和库雷西（2010）研究指出，城镇化与粮食生产存在用水竞争，进而不利于保障粮食安全。

与上述研究结论不一致，部分文献认为城镇化对粮食安全具有正向影响。程名望等（2013）和刘亮等（2014）研究认为，要素间具有很强的替代性，人口城镇化带来的农业劳动力转移并不会威胁粮食安全。马林静等（2014）考察了农村劳动力非农转移对粮食生产技术效率的影响，发现前者对后者具有显著正向影响，进而有助于提高粮食产能和粮食安全水平。戈弗雷等（2016）研究认为，城乡之间存在劳动力、资金和技术要素的流动和交换，而资金和技术要素流向农村则有助于提高农业生产效率，从而为提高粮食产量有一定积极作用。萨特思韦特（Satterthwaite，2010）从发展"城市农业"的角度分析认为，逐步兴起的"城镇农业"（如城市屋顶农业）有助于提高粮食产能，从而对提高粮食安全水平具有显著促进作用。徐建玲和查婷俊（2014）基于 2001～2012 年江苏省的数据研究了城镇化对粮食安全的影响效应并发现，人口城镇化推动农村剩余劳动力转移，从而给粮食安全带来显著促进作用。

　　现有研究为理解人口城镇化与粮食安全关系提供了重要的文献基础，但还存在几方面不足。一是实证研究不充分。现有文献多采用逻辑推演或理论剖释的方法来论证人口城镇化与粮食安全关系，即使有少量实证研究，其样本选择局限于特定省份或地区，结论的代表性和普适性不足。二是粮食安全水平度量准确性欠妥。现有研究多采用总产量或者单产水平来表征粮食安全水平，这样处理会导致指标涵盖信息不足，进而导致识别出的人口城镇化对粮食安全的影响效应可能存在偏误。三是研究结论讨论不充分，特别是异质性、稳健性和内生性问题关注较少，从而导致研究结论可靠性有待商榷。

　　鉴于此，尝试从以下三个方面作出新拓展。第一，构建粮食安全水平评价指标。从粮食供给与需求角度构建粮食安全指数，使其涵盖种植结构、复种指数、粮食需求量以及自给率等方面的信息，这样处理可以充分捕捉人口城镇化的影响。第二，展开系统性计量分析。利用大样本数据和固定效应模型对人口城镇化与粮食安全关系展开计量分析，为二者关系提供经验证据。进一步地，考察人口城镇化与粮食安全水平可能存在的内生性问题，并引入 DMSP/OLS 夜间灯光数据和 PM2.5 数据作为人口城镇化的工具变量，旨在缓解参数估计的有偏和非一致性问题，使得研究结论具有较高的可信度。第三，重视人口城镇化影响粮食安全的异质性。本章从全国层面展开分析的同时还侧重对各粮食功能区的考察，强调人口城镇化影响粮食安全可能的异质性，试图对现有研究结论作出一定程度的拓展。

7.2　粮食安全水平评价模型：粮食安全指数

　　粮食安全的含义比较丰富。根据本书第 1 章对粮食安全概念的界定，粮食安全的一个本质特征是粮食产出（供给）能够满足粮食消费需求。因此，为度量粮食安全水平，一种相对科学且准确的思路则是从粮食[①]生产与消费的角度来设定。本章借鉴宋小青和欧阳竹（2012）的做法，将粮食供给与需求回归至耕地资源，进而从耕地压力角度对粮食安全水平进行评价，本章称其为粮食安全指数[②]。具体来说，本章构建如下等式：

$$K_{S_i} = \frac{K_i}{\sigma_i} \tag{7.1}$$

其中，K_{S_i} 为第 i 个省（区、市）修正后的粮食安全指数；K_i 表示第 i 个省（区、市）未修正的粮食安全指数；σ_i 为第 i 个省（区、市）的耕地相对质量。

进一步地，$K_i = S_{\min_i}/S_{a_i}$，$S_{\min_i}$ 为确保粮食安全的最小人均耕地面积（公顷/人），S_{a_i} 为第 i 个省（区、市）的实际人均耕地面积（公顷/人）。$S_{\min_i}$ 又可进一步表达为 $S_{\min_i} = \beta_i \times Gr_i/(p_i \times q_i \times k_i)$。其中，$\beta_i$ 为粮食自给率（%）[③]；Gr_i 为人均粮食需求量（公斤/人）[④]；p_i 为单位面积粮食产量（公斤/公顷）；q_i 为粮食播种面积占农作物总播种面积的比重；k_i 为复种指数（%）[⑤]；$p_i \times q_i \times k_i$ 则表示耕地生产力。

耕地相对质量 σ_i 采用如下公式度量：$\sigma_i = CA_i/CA_n$。其中，CA_i 表示第 i 个省（区、市）的耕地质量，且 $CA_i = p_i \times k_i$；CA_n 为全国水平的耕地质量，且 $CA_n = p_n \times k_n$，p_n 为全国水平的单位面积粮食产量（公斤/公顷），k_n 为全国水平的复种指数（%）。

---

① 本章中粮食指稻谷、小麦和玉米三种谷物。

② 现有的很多文献中，利用该方法得到的指标被称为"耕地压力指数"。其基本思想是通过粮食消费（粮食安全底线之下）对耕地需求量与耕地实际供给量之间关系来反映耕地面临的粮食供给压力。该指标也常用于度量粮食安全水平（宋小青和欧阳竹，2012；杨丽霞，2014）。但需要说明的是，由于粮食安全指数反映了粮食供给面临来自需求的压力，粮食安全指数取值越小，粮食安全水平越高；反之，粮食安全水平则越低。

③ 一般而言，粮食自给率在100%以上属于完全自给；95%~100%之间属于基本自给；90%~95%之间粮食安全水平尚可接受；小于90%粮食供求风险随之增大。根据《国家粮食安全中长期规划纲要（2008—2020年）》的规定，本章将粮食自给率设定为95%。

④ 关于人均粮食需求量的设定，本章参考学者罗翔等（2016）的研究，假定其具有递增趋势，并且设置四个典型的取值区间：2000~2004年为400公斤；2005~2009年为410公斤；2010~2013年为420公斤；2014~2017年为430公斤。

⑤ 复种指数采用全年农作物总播种面积与耕地面积的比值来度量。

根据上述设定，粮食安全指数可以进一步表达为：

$$K_{S_i} = \frac{\beta_i \times Gr_i \times p_n \times k_n}{p_i^2 \times q_i \times k_i^2 \times S_{a_i}} \tag{7.2}$$

按照上述公式间的逻辑关系，在给定粮食自给率水平（β_i）和人均粮食需求量（Gr_i）下，确保粮食安全的最小人均耕地面积取决于耕地生产力（$p_i \times q_i \times k_i$）。耕地生产力越高，确保粮食安全的最小人均耕地面积越小；反之，确保粮食安全的最小人均耕地面积越大。

从式（7.1）可以看出，确保粮食安全的最小人均耕地面积与实际人均耕地面积的对比关系 K_i，用耕地相对质量 σ_i 进行调整后就可以得到修正后的粮食安全指数，该指数能够反映某一区域粮食安全紧张程度。修正后的粮食安全指数大小主要取决于耕地生产力和耕地相对质量。耕地生产力越高，粮食安全指数越小，但粮食安全水平越高；耕地相对质量越高，粮食安全指数也越小，相应的粮食安全水平越高。由于确保粮食安全的最小人均耕地面积与实际人均耕地面积均处在动态变化中，所以不同区域或不同时期粮食安全指数均具有动态变化特征。一般地，在不考虑修正系数 σ_i 的情况下，当粮食安全指数 $K_i < 1$ 时，确保粮食安全的最小人均耕地面积小于实际人均耕地面积，表明粮食安全处于安全区，意味着粮食安全并未面临显著压力；当粮食安全指数 $K_i = 1$ 时，确保粮食安全的最小人均耕地面积与实际人均耕地面积相等，粮食安全水平接近临界线，同时意味着需要警惕粮食安全问题，规避任何外界冲击；当粮食安全指数 $K_i > 1$ 时，确保粮食安全的最小人均耕地面积大于实际人均耕地面积，意味着粮食产量已经不能满足一般性粮食需求，即粮食安全形势进入紧张状态。

本章参考罗翔等（2016）的评判准则，将粮食安全指数划分为四个等级：高安全区（$0 \leqslant K_{S_i} \leqslant 0.9$）、中安全区（$0.9 < K_{S_i} \leqslant 1$）、低安全区（$1 < K_{S_i} \leqslant 2$）以及非安全区（$K_{S_i} > 2$）。[①] 从图 7 - 1 可以发现，2000 ~ 2017 年全国层面粮食安全指数呈缓慢下降趋势，表明粮食安全水平有上升趋势，但大部分年份处于低安全区和中安全区，意味着粮食供求尚未实现优化匹

———————

① 由于粮食安全指数的测算引入了修正系数 σ_i，其临界值并不严格等于1。但是，为方便定量比较和分析，此处仍以 $K_{S_i} = 1$ 为临界值来划定粮食安全指数区间，并且以此来反映粮食安全水平。

配，处于"紧平衡"状态。另外，主产区粮食安全指数呈逐年递减，粮食安全水平则逐年递增，且处于高安全区；产销平衡区次之，粮食安全水平进入低安全区；主销区粮食安全指数呈逐年递增，且增长趋势迅猛，意味着粮食安全水平逐年递减，始终处于非安全区。

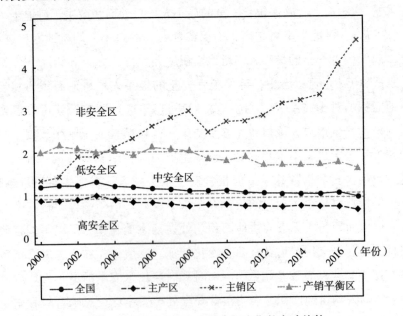

图7-1　2000～2017年粮食安全指数变动趋势

7.3　数据、变量与模型

7.3.1　数据来源

本章所用数据为2000～2017年中国31个省（区、市）的平衡面板数据，共计558个基准样本。需要说明的是，在进行分粮食功能区考察和变量内生性处理时，由于工具变量数据在某些年份有缺失，用于实证分析的样本数量存在变动，这将在下文的实证模型和计量结果表格处进行详细说明。

数据主要来源于各类统计年鉴和公开的数据库。具体而言，测算粮食安全指数的基础数据从《中国统计年鉴》和《中国农村统计年鉴》获取。2000～2008年耕地面积数据来源于国泰安数据库（CSMAR），2009～2017年耕地面积数据来源于国务院发展研究中心信息网和布瑞克农业数据库，对于缺失的耕地面积数据则采用四年移动平均法补充。粮食消费量数据来源于布瑞克数据库。人口城镇化数据有两个来源：2000～2004年数据根据《中国人口和就业统计年鉴》中的相关指标计算；2005～2017年数据从《中国统计年鉴》获得。就地城镇化（考察人口城镇化的距离效应）数据来源于《中国统计年鉴》。另外，其他控制变量数据均来源于《中国统计年鉴》和《中国农村统计年鉴》。

7.3.2 变量选取

1. 被解释变量为粮食安全指数

本章选取的被解释变量为粮食安全指数，考虑到粮食安全指数值域比较小（最小值为0.43，最大值为5.80），可能导致估计结果易受异常值干扰（Flannery and Rangan，2006），因此有必要对离群值进行检验和处理。本章处理方式是利用箱线图对异常值进行检验，并设定：如果观测值超出箱体上限或下限，则视为异常值。一般来说，为降低异常值对估计结果的干扰，现有文献常采用直接删除样本的方法进行处理，但这样处理可能造成样本选择偏误的风险。同时考虑到模型所用数据为面板数据，样本量相对有限，为保持样本丰富性，我们采用非删失双边2%缩尾的方法进行处理。

2. 核心解释变量为人口城镇化

本章主要考察人口城镇化对粮食安全的影响效应，并采用"城镇常住人口占总人口的比重"来度量。进一步地，为考察人口城镇化影响粮食安全可能存在的距离效应，我们采用"乡村私营企业就业人数与个体就业人数之和占乡村人口的比重"对核心解释变量进行度量，并且称其为就地城镇化。

3. 控制变量

控制变量选取方面，本章参考宋小青和欧阳竹（2012）与张慧和王洋（2017）的研究结论，另外考虑到粮食安全指标包含粮食产量和粮食消费信息，因此从生产因素和经济因素两个方面共加入 7 个控制变量。具体来说，生产因素包含化肥投入、机械投入、农药投入、成灾面积和灌溉水平5 个变量；而经济因素包含产业结构和农民收入 2 个变量。

一是产业结构。采用"第二、第三产业增加值之和占地区生产总值的比重"来度量。首先，产业结构给农村劳动力就业带来直接影响。通常情况下，第二、第三产业拥有比较高的就业容纳率，可以为农业劳动力的非农就业提供充分的安置空间。但是从粮食生产的角度讲，农业劳动力转移至非农产业会减少农业生产的劳动力投入，进而降低粮食生产效率（Damon，2010；钱龙和洪名勇，2016），由此可能给粮食安全水平带来显著负向影响。此外，产业结构是识别地区产业特征的一种重要方式，一定程度上决定着产业（第一产业与第二、第三产业）相对重要性以及发展优先序。从既有的发展经验看，如果产业关系处理不当，第一产业必然首先遭受冲击（马晓河等，2005；项继权和周长友，2017）。这意味着粮食产能可能会受到影响，粮食安全水平也必将遭受冲击。与上述逻辑相反，以第二产业为主的非农部门发展为农业技术进步提供了充分条件，例如机械设备、种子化肥以及灌溉设施等，从而有助于提高粮食产能（徐建国和张勋，2016），进而在粮食产出维度有助于提高粮食安全水平。

二是农民收入。农民收入直接影响农民种植粮食的投资强度，有助于降低确保粮食安全的最小人均耕地面积，从而提高粮食安全水平。考虑到农民收入中工资性收入所占比重逐渐提高，如 2019 年工资性收入占农民可支配收入的 41.09%，与经营净收入、财产净收入和转移净收入相比所占比重最高。在此情境下，农户经营农业将面临更高的机会成本，从而可能进一步带来粗放经营、弃耕抛荒等问题（罗必良，2014；Su et al.，2019），进而可能会给粮食安全水平带来显著负向影响。

三是生产因素。包括化肥投入、机械投入、农药投入、成灾面积以及灌溉水平。模型中引入生产性变量主要控制要素和基础设施投入状况。各生产性变量的测算方法为：化肥投入＝省域内化肥投入折纯量×粮食播种面积占农作物总播种面积比重/粮食播种面积；机械投入＝省域内农业机械总动力×粮食播种面积占农作物总播种面积比重/粮食播种面积；农药投入＝省域内农药投入量×粮食播种面积占农作物总播种面积比重/粮食播种面积；成灾面积＝省域内成灾总面积×粮食播种面积占农作物总播种面积比重/粮食播种面积；灌溉水平＝有效灌溉面积/耕地总面积。其中，化肥投入、机械投入、农药投入和灌溉水平作为重要的生产要素投入对粮食增产和保产有直接促进作用，可能有助于提高粮食安全水平；成灾面积显著减少粮食有效播种面积，并降低粮食产能，从而给粮食安全水平带来负向影响。变量的详细说明和统计性指标如表7－1所示。

表7－1　　　　　　　　　　　变量说明与描述性统计

变量分类		名称	说明	均值	标准差	最小值	最大值
被解释变量		粮食安全指数	本章第二部分测算出的粮食安全指数	1.6132	1.0896	0.4340	5.8033
核心解释变量		人口城镇化	城镇常住人口占总人口的比重	0.4904	0.1561	0.2190	0.8960
控制变量	经济因素	产业结构	第二、第三产业增加值之和占地区生产总值的比重	0.8745	0.0667	0.6209	0.9964
		农民收入	农村居民人均可支配收入（元），取自然对数	8.5510	0.6943	7.1899	10.2337
	生产因素	化肥投入	单位粮食播种面积的化肥施用量（吨/公顷）	0.3342	0.1207	0.1082	0.7993
		机械投入	单位粮食播种面积的机械总动力（千瓦/公顷）	5.6520	3.3141	1.3171	24.6258
		成灾面积[a]	粮食成灾总面积占粮食播种面积的比重	0.1283	0.1008	0.0000	0.6231
		灌溉水平	有效灌溉面积占耕地面积的比重	0.5054	0.2220	0.1404	0.9958
		农药投入	单位粮食播种面积的农药施用量（吨/公顷）	0.0110	0.0085	0.0014	0.0564

注：a. 成灾面积是指受灾面积中因灾减产三成以上的农作物播种面积，该指标能够较好地反映自然灾害对粮食安全水平的影响。

7.3.3　模型设定

本章构建粮食安全指数与人口城镇化的双向固定效应模型，具体形式如下：

$$Y_{it} = \alpha_0 + \alpha_1 U_{it} + \alpha_2 X_{it} + P_i + K_t + \mu_{it} \tag{7.3}$$

其中，Y_{it} 为第 i 省（区、市）第 t 年粮食安全指数；U_{it} 为第 i 省（区、市）第 t 年的人口城镇化水平；X_{it} 表示第 i 省（区、市）第 t 年的控制变量向量；P_i 为省域固定效应项，以控制地区层面不可观测且不随时间变动的个体异质性；K_t 为不可观测的时间固定效应项；μ_{it} 为随机误差项；α_0 和 α_1 为待估计系数，α_2 为待估计系数向量。

7.4　实证结果分析

7.4.1　基准模型结果分析

基于 2000～2017 年中国 31 个省（区、市）的面板数据，利用双向固定效应模型来考察人口城镇化给粮食安全水平带来的影响效应，模型各参数的估计结果如表 7－2 所示。[①] 从回归（1）的估计结果看，如果以未经过缩尾处理的粮食安全指数为被解释变量，在未引入控制变量时，人口城镇化的系数估计值为负数，即人口城镇化与粮食安全指数负相关，意味着人口城镇化对粮食安全水平具有显著正向影响。[②] 进一步地，引入控制变量后进行重新估计后发现，人口城镇化对粮食安全水平的正向影响依然存在（见表 7－2 第 3 列），而且模型拟合优度与回归（1）相比有明显提升，

[①]　本章也尝试了控制个体与时间交互固定效应，参数估计值在方向上与双向固定效应模型的估计结果一致，仅在系数大小上略有差异。但考虑到模型自由度不足，控制个体与时间交互固定效应在小样本情况下并不有效。为了保持模型在文中的一致性，本章中不再报告包含交互固定效应的结果。

[②]　需要说明的是，粮食安全指数越大，意味着粮食安全水平越低。因此，回归结果中人口城镇化变量的系数为负数，则表明人口城镇化对粮食安全水平具有显著的正向影响。

约是前者的 5 倍。从回归（3）和回归（4）的估计结果看，在利用缩尾方法处理掉粮食安全指数异常值后，无论是否引入控制变量，人口城镇化对粮食安全水平均表现出显著正向影响，但影响效应略小于未处理异常值时的情况。

表 7 - 2　　　　　　　　人口城镇化影响粮食安全水平的估计结果

变量	粮食安全指数（未缩尾）		粮食安全指数（缩尾处理）	
	（1）	（2）	（3）	（4）
人口城镇化	- 1. 3470 ***	- 0. 8641 **	- 0. 7897 ***	- 0. 6099 ***
	(0. 2764)	(0. 4277)	(0. 2618)	(0. 2234)
产业结构	—	- 1. 2177 *	—	- 1. 1826 *
		(0. 6580)		(0. 6071)
农民收入	—	- 1. 8576 ***	—	- 1. 9488 ***
		(0. 2235)		(0. 2062)
化肥投入	—	- 0. 0127 **	—	- 0. 0149 *
		(0. 0059)		(0. 0081)
机械投入	—	- 1. 0292 ***	—	- 0. 2417 *
		(0. 1568)		(0. 1446)
成灾面积	—	1. 0907 ***	—	1. 0255 ***
		(0. 1632)		(0. 1506)
灌溉水平	—	- 1. 6345 ***	—	- 1. 6079 ***
		(0. 2393)		(0. 2207)
农药投入	—	- 1. 1512	—	- 1. 1594
		(1. 3549)		(1. 2500)
常数项	2. 1333 ***	17. 2431 ***	1. 9158 ***	17. 9573 ***
	(0. 3671)	(1. 6616)	(0. 1159)	(1. 5329)
个体固定效应	YES	YES	YES	YES
时间固定效应	YES	YES	YES	YES
Hausman 检验 p 值	0. 0291	0. 0002	0. 4453	0. 0000
时间效应检验 p 值	0. 0019	0. 0000	0. 0463	0. 0021
组内 R^2	0. 0746	0. 3634	0. 0453	0. 3770
样本量	558	558	558	558

注：* 、** 和 *** 分别表示 10% 、5% 和 1% 的显著性水平；括号内数字为省级层面的聚类稳健标准误。

上述结果表明，人口城镇化并没有带来粮食安全水平的降低，反而起到了显著的正向促进作用。具体而言，人口城镇化每上升 1 个百分点，粮食安全指数降低约 0.0061[①]，相应的粮食安全水平上升 163.93[②]。一般而言，粮食作物的综合机械化率显著高于经济作物，并且易于参与农业分工，具有节约劳动力的典型特征。人口城镇化过程中劳动力不断由农村流向城市，导致从事农业生产的有效劳动力投入不足（比如儿童化、女性化和老龄化问题）。面对劳动力供给约束，农户可以从调整要素投入结构和种植结构两个方面做出响应：一是采用机械替代劳动力，减少农业生产中的劳动力投入；二是调整粮食作物与经济作物的种植比例，同样以节省劳动力投入为调整目标（钟甫宁等，2016；罗必良等，2018）。由于粮食作物的机械化作业率比较高（2019 年，水稻、玉米和小麦三种粮食作物综合机械化率均超过 80%，其中水稻 81%、玉米 88%、小麦 95%，棉花机收率为 28%，甘蔗主产区的机收率仅为 10%），对劳动力的需求相对较少，同时符合农户的两个响应逻辑。因此，农户的应对策略则是倾向于种植更高比例的粮食作物，即提高粮作比，这意味着粮食作物播种面积会得到显著提升，进而有助于稳定并且提高粮食产能，从而有助于降低粮食安全指数而提高粮食安全水平。

为进一步验证上述趋粮化机制的可靠性，我们作以下分析。"粮食安全指数"包含粮食单产、复种指数、粮食需求以及种植结构，现采用信息拆解的方法对其进行阐释。首先，回归方程中引入了化肥、农药、机械以及灌溉等投入要素变量，这些因素能够充分解释粮食单产（黄勇和朱信凯，2014；田甜等，2015）。其次，复种指数一般受自然禀赋（气候、地形）、区位条件以及劳动力投入等因素的影响（杨忍等，2013）。根据现有研究，随着劳动力投入的减少，复种指数也会相应降低（辛良杰和李秀彬，2009；谢花林和刘桂英，2015），这意味着人口城镇化负向影响复种指数。再其次，按照现有的研究结论，人口城镇化促进了食物消费总量的增长和结构的升级（胡冰川和周竹君，2015），表现为肉蛋奶的需求提高，

---

① 利用表 7－2 回归（4）中人口城镇化变量的系数乘以 1%，保留小数点后 4 位，从而得到该数值。

② 由于缺少参照系，此处粮食安全水平的经济含义不好解释，明确其影响方向即可。由于粮食安全指数的参照系为 1，其经济含义比较容易理解。

这意味着粮食需求量也会增加。在剔除粮食单产信息后，无论是复种指数还是粮食需求均暗含着人口城镇化会负向影响粮食安全。但是，本章的实证结果表明人口城镇化显著提高粮食安全水平，那么，主要原因则是种植结构发生了变化，即粮食播种面积得到了显著提升。

　　根据本书第 4 章至第 6 章的分析结论，人口城镇化形成的农业劳动力供给约束除了会促使农户进行种植结构趋粮化调整之外，还可能会提高农地转出概率，并且进一步引致农业种植结构走向非粮化。但是，从第 7 章的研究结论来看，考察期内人口城镇化带来的种植结构趋粮化效应要显著大于后者，从而在净效应上表现为提高粮食作物播种面积比例，即趋粮化。从实际情况来看，2003～2016 年粮食播种面积逐年增加，并且粮食播种面积占农作物总播种面积的比重始终处在高位。2005 年，粮食作物（包括稻谷、小麦、玉米、豆类以及薯类）的播种面积为 10428 万公顷，并且连续增长至 2016 年的 11923 万公顷，占农作物总播种面积的比重则由 67.06% 上升至 71.42%，年均增长率为 0.57%。2016 年，中国政府开始大力推进农业供给侧结构性改革，主动调整农业种植结构，并且重点调减了玉米的播种面积，导致 2017 年粮食播种面积稍有下滑，但是仍然维持在较高的水平（粮作比为 70.94%），从而确保了粮食基本产能的稳定。因此，种植结构趋粮化很可能是人口城镇化提高粮食安全水平的重要机制。

　　对于控制变量的估计结果而言，系数基本符合理论预期，并且与以往的一些研究保持基本一致（例如宋小青和欧阳竹，2012；张慧和王洋，2017）。具体来说，产业结构变量对粮食安全指数具有显著负向影响，即第二、第三产业增加值在地区生产总值中占比的提高会进一步提高粮食安全水平。农民收入对粮食安全指数具有显著负向影响，表明农民收入提高有助于提高粮食安全水平。成灾面积带来了粮食安全水平的显著降低，自然灾害会给粮食生产带来不利冲击，严重影响粮食产量，这意味着该变量可能会从粮食产量角度负向影响粮食安全。灌溉水平变量显著且系数为负，表明有效灌溉比例越高越有助于提高粮食安全水平。化肥和农药是常规的耕地替代型投入要素。前者对粮食安全水平表现为显著正向影响，即化肥的施用有助于提高粮食安全水平，但系数估计值比较小（绝对值略大于 0.01）；后者系数虽然为负，但不显著，即农药的投入对粮食安全指数的负向影响效应在统计上无异于零。这表明，化肥、农药的大量施用几乎达到粮食增产和提高粮食安全水平的极限，也反映了农业化学品投入已经表现出边际产出偏低的事实。① 数据显示，2020 年水稻、小麦、玉米三大粮食作物化肥利用率 40.2%、农药利用率 40.6%，② 近六成的化肥农药进入土壤和空气中，利用效率不高。2021 年《中共中央 国务院关于全面推进乡村振兴 加快农业农村现代化的意见》明确提出持续推进化肥农药减量增效，为减少化肥和农药使用并提高其投入效率提供了政策指引，同时说明既有的农业化学品使用已然出现过量的事实。

7.4.2　分粮食功能区考察

一般来说，各个粮食功能区在人口城镇化水平、产业布局以及要素禀赋等方面可能存在系统性差异，全样本回归则可能无法控制不同功能区的某些显著差异，从而无法剔除混杂因素的干扰而准确估计人口城镇化对粮食安全的影响效应。为此，本章将对粮食主产区、主销区以及产销平衡区进行分样本考察，估计结果如表 7 - 3 所示。

表 7 - 3　　　　粮食功能区人口城镇化影响粮食安全水平的估计结果

变量	主产区	主销区	产销平衡区
人口城镇化	1. 1329 ** (0. 5186)	- 2. 9743 *** (0. 4133)	- 0. 4982 ** (0. 2527)
产业结构	- 0. 6734 (0. 6861)	- 4. 8905 *** (1. 1629)	0. 3844 (0. 8646)
农民收入	- 0. 1819 ** (0. 0734)	0. 8577 *** (0. 0457)	0. 0432 (0. 0635)
化肥投入	- 0. 0224 *** (0. 0060)	0. 0328 *** (0. 0030)	- 0. 0021 (0. 0049)
机械投入	- 0. 6207 ** (0. 2766)	- 0. 2398 (0. 2893)	0. 0235 (0. 1570)

① 《全国土壤污染状况调查公报》公布的数据显示，中国在全球约 7% 的耕地上投入了 35% 的化肥和农药，造成了 19. 4% 的耕地污染物超标。

② 我国农业产地环境保护取得明显成效 ［EB/OL］. 新华社，2021 - 07 - 24.

续表

变量	主产区	主销区	产销平衡区
成灾面积	0.4274 ** (0.2021)	0.2361 (0.2184)	1.0951 *** (0.1780)
灌溉水平	-0.2726 (0.3124)	-2.6983 *** (0.2519)	-0.3125 (0.4018)
农药投入	0.0197 (1.8339)	-0.7889 (1.9202)	-1.2266 (1.5282)
常数项	3.2682 *** (0.5777)	0.3594 (0.7927)	2.0220 *** (0.5717)
个体固定效应	YES	YES	YES
时间固定效应	NO	NO	NO
Hausman 检验 p 值	0.0577	0.0000	0.0427
组内 R^2	0.3018	0.8802	0.2705
样本量	234	126	198

注: ** 、 *** 分别表示5%、1%的显著性水平;括号内数字为省级层面的聚类稳健标准误。

从表7-3可以发现,主产区人口城镇化系数估计值为正数且在5%水平上显著,表明人口城镇化对粮食安全指数具有显著正向影响,同时意味着人口城镇化带来了主产区粮食安全水平的显著降低。显然,该结果与全样本估计结果并不一致。其可能的解释是,人口城镇化形成农业劳动力供给约束,从而促使农户转变农业种植结构并推动其走向趋粮化(罗必良等,2018)。但主产区稻谷、玉米和小麦等粮食作物种植比例处于比较高的水平,在面临农业劳动力供给约束时,种植结构趋粮化调整弹性可能并不足。当农户家庭不能通过调整种植结构来放松劳动力供给约束时,农户则可能会采取转出土地或者粗放经营等策略(蔡昉,2008;朱启臻和杨汇泉,2011),从而可能引致种植结构逐步偏向非粮化,甚至耕地投入面积以及粮食播种面积的减少,进而给粮食安全带来负面影响。主销区和产销平衡区的回归结果显示,人口城镇化变量的系数估计值均显著(分别在1%和5%水平上显著)且方向为负,即人口城镇化显著负向影响粮食安全指数,同时意味着主销区和产销平衡区人口城镇化带来了粮食安全的显著提高,这与全样本的估计结果一致。

7.4.3 进一步拓展：对距离效应的考察

从人口城镇化方式来看，农村劳动力向城市流动在稳定性、距离家乡远近以及工资性收入高低等多个方面存在显著差异，这可能导致农户家庭在劳动力和土地资源配置以及种植行为方面显现出不同特征。为分析人口城镇化影响粮食安全水平可能存在的距离效应，本章设置就地城镇化指标，然后利用粮食安全指数对其进行回归。模型各参数的估计结果如表 7-4 所示。

表 7-4　　　　　　　　人口城镇化距离效应的估计结果

变量	系数	聚类稳健标准误	系数	聚类稳健标准误
就地城镇化	1.2170 **	0.5500	0.8929 **	0.3935
产业结构	—	—	-0.8368	1.4421
农民收入	—	—	-1.4786 ***	0.3218
化肥投入	—	—	-0.0171 ***	0.0062
机械投入	—	—	0.2004	0.3189
成灾面积	—	—	1.0023 ***	0.1578
灌溉水平	—	—	-1.3311 **	0.5873
农药投入	—	—	-1.1701	1.5105
常数项	1.5274 ***	0.0764	13.5736 ***	3.1016
个体固定效应	YES		YES	
时间固定效应	YES		YES	
Hausman 检验 p 值	0.0988		0.0002	
时间效应检验 p 值	0.0113		0.0000	
组内 R^2	0.2212		0.4561	
样本量	558		558	

注：** 、*** 分别表示5%、1%的显著性水平。

从表 7-4 报告的结果可以发现，无论是否加入控制变量，就地城镇化的系数估计值显著且方向为正，表明就地城镇化对粮食安全指数具有显著正向影响，同时意味着就地城镇化带来了粮食安全水平的显著降低，这与以往邓等（Deng et al.，2015）的研究结论一致。其可能的解释是，一方

面，农村劳动力就地就近转移，空间上距离农村比较近，这为转移劳动力
从事农业兼业经营提供了条件。换句话说，就地城镇化可能并不会形成明
显的农业劳动力供给约束，从而农户进行种植结构趋粮化调整的动力相对
疲软。另一方面，这可能与就地城镇化的推进方式密切相关。一般来说，
就地城镇化发源于村居或镇居，依托村镇资源禀赋逐步发展起来，但往往
缺乏必要的建设规划，在产业园区和公共设施修建方面，区位选取随机性
较强，导致土地集约利用不高，从而造成耕地过度占用（季建林，2001），
投入粮食生产的耕地面积则相应减少。

此外，就地城镇化有助于形成农村丰富的产业结构，例如农产品加工
厂、乡村旅游以及乡村康养等新产业，使得农地经营偏向非农化趋势或者走
向边缘化，从而可能对粮食产能带来负向冲击。以浙江为例，2015 年全面启
动特色小镇建设，乡村产业不断升级，地方经济也得到快速发展。但是，农
业经营状况并不可观，其中复种指数显著降低，从 2000 年的 183.51% 降至
2017 年的 100.21%，浙江粮食总产量也遭受冲击；从 2000 年的 1093.9 万
吨下降至 2017 年的 513.4 万吨。不可否认，就地城镇化能够有效推动农村
地区经济的发展，但也应该关注到就地城镇化对粮食安全带来的显著冲
击。因此，在发展就地城镇化过程中，应注重土地资源的集约利用，警惕
乡村产业结构调整可能给粮食安全带来的不利冲击。

7.5　稳健性检验

7.5.1　工具变量估计[①]

从本书分析的问题看，粮食安全指数对人口城镇化回归可能存在潜在
的内生性问题，从而造成模型核心解释变量的参数估计结果有偏和不一
致，所得出的结论也将丧失可靠性。具体来说，潜在的内生性问题可能来

[①]　本章同时考虑了粮食安全水平与就地城镇化之间可能存在内生性问题，并且利用就地城
镇化的一阶滞后项作为工具变量进行两阶段最小二乘估计。回归结果依然稳健，但此处不再报告
结果。

源于两个方面。一方面，粮食安全水平与人口城镇化可能存在互为因果的关系，并由此带来内生性问题。一般而言，粮食安全水平高意味着优越的土地、水等资源禀赋，粮食产能和产出较高，农户也能因此获取较高的农业边际收入，以及可观的农业经营性收入。在此情境下，人口城镇化所面临的机会成本上升，从而进一步使得人口城镇化降低。在粮食安全水平比较低的地区（如粮食主销区），经营农业的边际产出相对较低，进而可能会促使农村劳动力转移至城市并尝试规避农业生产风险，从而提高人口城镇化水平（罗翔等，2015）。此外，从种植结构角度讲，由于粮食作物具备机械化作业的条件，对农业劳动力形成了更强的替代，可能有助于促进农村劳动力流出并推高人口城镇化水平。从复种水平角度讲，复种水平较高的地区意味着对劳动力需求也更高，可能会抑制农村劳动力流出，并阻碍人口城镇化。上述皆为粮食安全水平与人口城镇化之间存在逆向因果关系提供了证据。另一方面，基准模型可能存在遗漏变量问题。从本书设定的粮食安全指数看，包含了粮食生产和需求两方面信息，可能对其带来影响的因素很多，尽管基准回归利用双向固定效应模型对个体和时间维度的不可观测因素进行了控制，但仍然不能排除存在遗漏变量并且与人口城镇化相关，进而带来内生性问题。

为克服内生性问题，本章尝试寻找工具变量（IV），并利用两阶段最小二乘法（2SLS）估计人口城镇化给粮食安全水平带来的影响效应。具体来说，本章引入美国国家地球物理数据中心公布的 DMSP/OLS 夜间灯光数据和达尔豪斯大学大气成分分析组（Atmospheric Composition Analysis Group）公布的 PM2.5 数据作为人口城镇化的工具变量。

首先，根据美国国家地球物理数据中心对夜间灯光数据的介绍，DMSP/OLS 传感器可以收集夜间灯光和火光散发出的辐射信号，并且其稳定灯光数据只包含了城市持久光源场所发出的灯光信息，可以准确反映人群转移与聚居区域状况（Pandey et al.，2013）。因此，从逻辑上讲，DMSP/OLS 夜间灯光可能与人口城镇化密切相关，即满足工具变量的相关性条件。另外，DMSP/OLS 夜间灯光作为一种灯光监测并不会对粮食产能与需求以及粮食安全水平带来直接影响，满足工具变量的外生性条件。

其次，本章引入 PM2.5 数据作为工具变量的理由有如下两点。一是雾霾程度与人口城镇化密切相关（Han et al.，2014；Du et al.，2018），即满足工具变量与内生变量相关的条件。雾霾主要由可吸入颗粒物组成，并且主要发生在冬季城市地区，对人体肺部的危害性极大，从而可能会影响人口转移的区位选择与分布（童玉芬和王莹莹，2014），例如由雾霾严重地区转移至轻度雾霾城市，或者由雾霾城市转移至乡村，呈现季节性流动特征（夏季进城而冬季返乡）。二是雾霾程度与粮食安全水平不直接相关，即满足工具变量的外生性条件。由于雾霾多发生在城市地区，而农村发生频率则比较低，从而不会给农户农业生产经营活动以及粮食生产（如劳动力投入）造成显著影响。同时，雾霾是漂浮于空气中的微小颗粒，对粮食作物生长过程的影响也比较有限。所以，无论是要素投入还是粮食作物自身生长，雾霾均不会对其造成显著影响。

需要进一步说明的是，在利用 DMSP/OLS 夜间灯光数据进行计量分析时，考虑到其可能存在的测度误差，本章参考利乌等（Liu et al.，2012）的研究结论，从传感器的固有差异、传感器性能衰减以及多传感器多年度差异方面对数据进行校正。另外，本章只获取了 2000～2013 年 DMSP/OLS 夜间灯光数据和 2000～2016 年中国 30 个省（区、市）的 PM2.5 数据，因此全国层面只有 420 个样本（30×14）进入模型进行计量分析，其他三个粮食功能区的样本量均可依此计算。

本章采用一般性的做法，利用两阶段最小二乘法（IV-2SLS）对模型进行估计，模型各参数的估计结果如表 7-5 所示。首先，从工具变量检验结果看，全国、主产区以及主销区样本回归中，第一阶段弱工具变量检验的 F 值均大于经验标准（即 F 值大于等于 10），虽然产销平衡区样本回归的 F 值未严格达到标准，但也十分接近，在小样本情况下仍然可以接受。从第二阶段估计结果看，全国样本回归中人口城镇化变量的系数为负数且在 1% 的统计水平上显著，意味着人口城镇化带来了粮食安全水平的显著提高，而且与上文基准模型相比，系数大小有明显增大。从各粮食功能区来看，主产区和主销区的回归结果显示，人口城镇化的系数方向与上文固定效应模型的估计结果高度一致，但系数大小均有显著增大。尽管产销平衡区人口城镇化变量的系数不再显著，影响方向仍然与基准模型保持一致，总体上并不影响本章的研究结论。但是，为确保研究结论的可靠性和稳健性，下面将继续采用替换估计策略的方法对估计结果进行检验。

表 7 - 5　　　　　　　　　稳健性检验一：工具变量估计

变量	全国		主产区		主销区		产销平衡区	
	第一阶段	第二阶段	第一阶段	第二阶段	第一阶段	第二阶段	第一阶段	第二阶段
人口城镇化	—	- 2.9628 *** (1.0264)	—	1.9739 ** (0.9657)	—	- 8.3313 ** (4.1872)	—	- 0.4928 (1.1450)
PM2.5	- 0.0602 *** (0.0200)	—	0.0086 (0.0122)	—	- 0.0486 * (0.0274)	—	- 0.0910 ** (0.0364)	—
DMSP/OLS 夜间灯光	0.0102 *** (0.0024)	—	0.0154 *** (0.0020)	—	0.0020 (0.0027)	—	0.0100 (0.0232)	—
产业结构	- 0.2591 * (0.1526)	- 2.7080 *** (0.7656)	0.2993 *** (0.0880)	- 3.8510 *** (0.8037)	0.3472 (0.2535)	- 0.9547 (2.3367)	0.1918 (0.4367)	0.9664 (1.1781)
农民收入	- 0.0458 (0.0569)	- 1.8097 *** (0.2713)	0.0456 *** (0.0098)	- 0.1582 (0.1012)	0.0641 *** (0.0171)	1.1213 *** (0.2936)	0.1280 *** (0.0385)	- 0.1011 (0.2130)
化肥投入	- 0.0026 *** (0.0008)	- 0.0019 (0.0044)	- 0.0019 ** (0.0009)	- 0.0117 (0.0074)	0.0071 *** (0.0008)	0.0691 ** (0.0281)	- 0.0052 ** (0.0023)	- 0.0026 (0.0096)
机械投入	- 0.1824 *** (0.0607)	- 1.1572 *** (0.3299)	0.2543 *** (0.0448)	- 0.4736 (0.4544)	- 0.0671 (0.0662)	- 0.9089 * (0.5117)	- 0.1691 (0.2746)	0.3676 (0.8367)
成灾面积	0.0494 (0.0320)	1.0225 *** (0.1674)	- 0.0178 (0.0230)	0.6230 *** (0.1891)	- 0.0171 (0.0443)	0.1650 (0.3507)	- 0.0493 (0.0697)	0.9675 *** (0.2186)
灌溉水平	0.0819 (0.0567)	- 0.6132 ** (0.2883)	- 0.0249 (0.0396)	- 0.6090 * (0.3221)	- 0.1425 ** (0.0609)	- 2.2399 *** (0.7367)	- 0.0275 (0.1871)	- 0.1779 (0.5634)
农药投入	0.0761 (0.3053)	- 1.5700 (1.5089)	0.6359 *** (0.2308)	- 3.2220 (2.0252)	- 0.0309 (0.3958)	0.2629 (2.9408)	0.0962 (0.6871)	- 2.8155 (2.1000)
常数项	0.1018 (0.4531)	16.9594 *** (2.1151)	- 0.3207 *** (0.0863)	5.3043 *** (0.7651)	- 0.2826 (0.1825)	- 3.7076 * (2.1020)	- 0.3543 (0.3195)	2.3897 ** (1.0699)
个体固定效应	—	YES	—	YES	—	YES	—	YES
时间固定效应	—	YES	—	NO	—	NO	—	NO
组内 R^2	0.6133	0.2909	0.9061	0.3855	0.8651	0.1969	0.4041	0.3209
弱工具变量检验 F 值	26.53	—	171.49		58.44		9.12	—
样本量	420		182		98		140	

注：* 、** 和 *** 分别表示 10%、5% 和 1% 的显著性水平；括号内数值为标准误。

7.5.2　非参数估计

为解决模型误设问题，此处尝试采用非参数估计方法。一般来说，模型形式的正确设定是获取可靠估计结果的基础，但关键问题是，大多数情况下我们并不能准确地知道模型是否被"正确设定"，而模型一旦误设就可能造成"设定误差"，从而得到有偏的估计结果。例如，假如粮食安全指数与人口城镇化呈真实的非线性关系，将其设定为线性方程可能会产生较大误差。然而，非参数方法则不需要事先设定变量分布的函数形式，相较于参数模型具有更强灵活性，从而可以有效避免参数设定错误带来的估计结果有偏的后果（Racine，2008）。鉴于此，本章参考周先波和盛华梅（2008）的做法，利用非参数估计方法对基准模型进行稳健性检验。具体来说，基于 Stata 15.1 软件，使用交叉核实法（cross-validation）选择最优带宽，采用叶帕涅奇科夫核函数局部线性估计方法对基准模型结果进行检验，模型各参数的估计结果如表 7-6 所示。

表 7-6　　　　　　　　　　稳健性检验二：非参数估计

变量	全国	主产区	主销区	产销平衡区
人口城镇化	-0.2034 ** (0.0920)	1.8217 *** (0.6537)	-0.1535 * (0.0853)	-0.6179 ** (0.3081)
产业结构	-3.0763 *** (0.7422)	-1.4841 (1.7962)	2.9236 ** (1.2584)	-8.0167 *** (2.4997)
农民收入	-0.1913 ** (0.0846)	-0.2289 *** (0.0852)	-0.3400 *** (0.0551)	-0.6532 *** (0.1907)
化肥投入	-0.0282 *** (0.0039)	-0.0271 *** (0.0036)	-0.0133 *** (0.0033)	-0.0418 *** (0.0138)
机械投入	-1.9243 *** (0.2404)	-0.5425 *** (0.1388)	0.3528 (0.2952)	-3.2074 *** (0.7163)
成灾面积	0.9677 ** (0.4839)	1.4906 *** (0.4986)	0.5668 ** (0.2699)	0.8938 ** (0.4064)
灌溉水平	-2.1278 *** (0.1858)	-0.6720 *** (0.1384)	-0.9779 *** (0.3325)	-2.4190 *** (0.7796)

变量	全国	主产区	主销区	产销平衡区
农药投入	1.8048** (0.7770)	0.2850 (2.6376)	2.0450 (2.1163)	7.1573 (6.0164)
R^2	0.8214	0.9499	0.9327	0.8697
样本量	558	234	126	198

注：*、**和***分别表示10%、5%和1%的显著性水平；括号内数字为Bootstrap 500次的标准误。

从表7-6报告的估计结果可以发现，无论是全国还是各粮食功能区，人口城镇化变量的非参数估计结果与上文基准回归的系数在方向上完全一致，仅在系数大小和显著性上略有差异。根据非参数估计结果，我们有充分的证据认为，人口城镇化对粮食安全水平的影响效应显著存在，并且具有极高的稳健性，并非特定估计方法而得到的偶然结果。

7.6　本章小结

基于2000~2017年中国31个省（区、市）的平衡面板数据，本章构建了粮食安全评价模型，对全国和各粮食功能区的粮食安全水平进行测度。然后利用双向固定效应模型估计人口城镇化对粮食安全水平的影响，从而为相关研究提供一个经验证据。

根据分析结果，本章主要有以下四点新发现。第一，人口城镇化显著提高粮食安全水平。主要原因是人口城镇化带来农业种植结构趋粮化的净效应，进而提升了粮食播种面积，从而使得粮食生产得到保障，粮食供给相对充足。第二，各粮食功能区人口城镇化对粮食安全水平的影响具有显著差异。其中，粮食主销区和产销平衡区人口城镇化显著正向影响粮食安全水平，但粮食主产区人口城镇化却引致粮食安全水平的显著降低。第三，人口城镇化对粮食安全的影响具有明显的距离效应。具体表现为，空间上农户就地就近转移显著负向影响粮食安全。这主要是因为就地城镇化并没有形成农业劳动力供给约束，趋粮化不明显。但是，就地城镇化使得耕地资源遭受折损，粮食产能降低。第四，总体上粮食供求尚未实现优化匹配。各粮食功能区粮食安全水平具有显著差异，其中主产区粮食安全水平最高，产销平衡区次之，主销区最低。

　　事实上，本章识别出人口城镇化影响粮食安全的一条重要路径，即农业种植结构的趋粮化。从本书的第 4 章至第 6 章可以发现，人口城镇化对农业种植结构具有趋粮化与非粮化正反两方面的影响，其净效应则有待进一步考证。本章则通过构建包含种植结构信息的粮食安全指数，从实证的角度发现人口城镇化显著提高粮食安全水平，这意味着至少在考察期内人口城镇化带来的农业种植结构趋粮化效应显著大于非粮化效应。

第 8 章

结论、讨论与政策启示

8.1　主要结论

本书针对趋粮化现象展开理论分析与实证检验。通过构建"人口城镇化—农业劳动力供给约束—种植结构调整和农地流转—粮食安全"分析框架，分析了人口城镇化对粮食安全的影响。根据实证模型的估计结果，本书主要有以下四点新发现。

第一，人口城镇化显著促进种植结构趋粮化，但是具有门槛效应。考察期内人口城镇化的门槛值为81.55%，剔除城乡弱流动性样本后的门槛值为38.42%，在小于门槛值的区间内人口城镇化对趋粮化具有显著的正向影响，即人口城镇化有助于提高粮食播种面积占比。但是，跨过门槛值后影响效应消失。各粮食功能区人口城镇化对趋粮化的影响具有显著差异。其中，主产区人口城镇化对趋粮化的影响不显著；主销区和产销平衡区人口城镇化的趋粮化效应均显著，并且主销区的影响效应明显大于产销平衡区。人口城镇化对种植结构趋粮化的影响具有明显的距离效应，表现为空间上短距离的人口城镇化并不会促进种植结构走向趋粮化。

第二，人口城镇化显著促进农地转出，但是呈现门槛特征。人口城镇化对农地转出的影响存在明显的门槛效应，即人口城镇化达到特定规模后才能促进农地转出。模型估算发现门槛值为44.44%，当小于等于该门槛值时，人口城镇化不会对农地转出造成显著影响；当大于门槛值时，前者对后者的作用发生突变，影响效应显著且方向为正。人口城镇化对农地转出行为的影响具有明显的异质性，表现为在不同的风险偏好情境和经济发展水平下，前者对后者的影响不一致。具体而言，上述影响仅在厌恶风险型以及东部、中部地区的农户样本中显著且方向为正。进一步研究发现，人口城镇化对农地转出规模具有显著的正向影响，具体为人口城镇化水平每上升 1 个百分点，农地转出面积相应提高 0.09%。

第三，转入农地的农户倾向于提高经济作物播种面积占比，呈现非粮化趋势。农地转入对农业种植结构非粮化的影响效应集中在 0.01~0.04 的区间，即转入农地者的经济作物播种面积占比比未转入农地者高 1~4 个百分点。进一步研究发现，农地转入对种植结构非粮化的影响具有明显的农户风险偏好情境依赖特征，表现为农户风险偏好会强化农地转入对种植结构非粮化的影响。此外，农地转入规模显著提高经济作物播种面积占比，并且农户风险偏好在其中发挥强化调节效应，但农地转入年限对农业种植结构非粮化的影响不显著。农地转入对农业种植结构非粮化的影响具有高度异质性：表现为对家庭成员中有人担任村干部农户的影响要大于家庭中无人担任村干部者，该影响在非贫困户中显著，而在贫困户中不显著。

第四，人口城镇化显著提高粮食安全水平，各粮食功能区具有明显差异。具体而言，人口城镇化对粮食安全具有显著的正向促进作用，其主要原因是总体上人口城镇化对种植结构表现为趋粮化效应，粮食播种面积显著提高，进而粮食产能得到充分保障。各粮食功能区人口城镇化对粮食安全水平的影响存在显著差异。其中，粮食主销区和产销平衡区人口城镇化显著正向影响粮食安全水平，但粮食主产区人口城镇化却引致粮食安全水平的显著降低。此外，根据测算出的粮食安全指数发现，总体上粮食供求尚未实现优化匹配，仍然处于"紧平衡"状态。各粮食功能区粮食安全水平具有显著差异，其中主产区粮食安全水平最高，产销平衡区次之，主销区最差。

总体上，本书可以为趋粮化现象提供一个新解释：人口城镇化形成农业劳动力供给约束，突出表现为农村人口的妇女化、儿童化和老龄化，进而导致劳动力供给越发不足，从而引致农业种植结构发生趋粮化与非粮化调整，但总体上前者占主导地位。具体地，按照人口城镇化形成农业劳动力供给约束的发展逻辑，在人口城镇化的不同发展阶段，农业劳动力供给约束呈现松紧差异：人口城镇化早期农业劳动力供给相对充裕，约束较松；后期则相对匮乏，呈现趋紧状态。在上述两种约束情境下，农户将实施种植结构趋粮化调整和农地转出两种应对策略，其中后者又会进一步引致非粮化。换言之，人口城镇化对农业种植结构具有趋粮化与非粮化正反两种效应，但总体上仍然表现为趋粮化的正向效果。

8.2　进一步讨论

按照"人口城镇化—农业劳动力供给约束—种植结构调整和农地流转—粮食安全"分析框架，本书给出了种植结构趋粮化的一个新解释，并且提供了人口城镇化影响粮食安全的经验证据。基于研究逻辑的严谨性与合理性（例如农业劳动力供给约束下农户行为是否仅局限于调整种植结构与农地转出、研究内容是否还具有拓展性等）的考虑，有必要对相关问题做进一步地讨论，一方面为本书研究的问题提供相对完整的逻辑，另一方面尝试对已有研究进行拓展和深化。鉴于此，本书围绕土地弃种抛荒问题和农业社会化服务问题展开讨论。

8.2.1　关于土地弃种抛荒问题的讨论

从本书的研究结论来看，人口城镇化带来了农业种植结构趋粮化，并且显著促进农地转出，同时粮食数量层面人口城镇化总体上有助于保障粮食安全。但需要指出的是，人口城镇化引致的农业劳动力供给约束可能会进一步带来土地弃耕抛荒问题。特别是在当前土地流转市场发展并不完善的情形下（郜亮亮，2020），土地流转的供需双方存在严重的信息阻隔和信息不对称问题（周敏等，2017），由此形成的土地流转交易成本（如信息搜寻成本、谈判沟通成本等）过高。此外，由于中国的农地具有地块零散、规模小以及地力不均等特征（罗必良，2016；纪月清等，2017；张露和罗必良，2020），例如农业农村部公布的数据显示，2008年农户户均经营耕地 7.4 亩，分散为 5.7 块，2013 年上升到 9.8 亩，并被分为 5.1 块，块均不足 2 亩，严重阻碍了土地流转市场的形成和发育，并且制约土地流转效率。当农户家庭面临农业劳动力供给约束，并且手里的土地无法实现顺利转出时，农户必然会选择放弃耕种土地，形成土地撂荒。

一个不争的事实是，土地的惰耕和弃种无论是对粮食安全（主要影响粮食产能）还是食物安全都将带来严重的负面冲击。这显然无助于实现粮食增产的宏观目标，也是国家在相关政策文件中明确提出要杜绝和规避的问题。从农户的角度讲，农户无法继续在撂荒的土地上获取经营性收入，这属于农户家庭在劳动力供给约束下的一个被动选择行为。尽管土地抛荒会对粮食安全带来严重的负面影响，但粮食安全问题具有典型的准公共物品特征，从而造成国家目标与农户经营决策不具备严格的一致性。所以，农户会基于自身获取最高收益的朴素想法来调整种植决策，即当家庭劳动力（数量与质量）不再具备耕作能力，并且土地托管和转出尚不能完全实现时，自然会选择土地抛荒。

本书没有对土地撂荒问题进行系统考察主要是由于以下三个方面原因。第一，问题研究的重大性不够。由于土地流转市场的存在尚且处于发育期，农户选择将土地抛荒是一个被动行为，而且当前阶段该现象发生的比例和规模仍然比较低，问题研究的重大性尚存不足。第二，问题研究的必要性不足。本书关注于劳动力约束下的粮食安全问题，从逻辑上来讲，人口城镇化造成农业劳动力供给约束可能会引致土地的弃种抛荒，理论上具有必然性。与此同时，土地撂荒必然对粮食安全和食物安全带来负面冲击，因此对共识性问题进行研究的必要性可能不足。第三，问题研究的可行性欠妥。按照内在逻辑，如果农户选择将土地撂荒，理应是在调整种植结构和转出农地无法实现的前提下所采取的一种被动行为。换言之，只有在人口城镇化发展到更高阶段时才能对土地撂荒产生显著影响，这进一步导致真正发生土地撂荒行为的样本十分有限，从而使得数据的收集存在局限性，可行性不足。

根据本书的实证结论和理论推演可以发现，在人口城镇化形成农业劳动力供给约束的发展逻辑下，人口城镇化对农业经营的自然冲击大致可以划分为三个典型阶段：趋粮化、非粮化以及小规模抛荒（见表 8 - 1）。其中，趋粮化阶段是以小农户为载体，强调农业经营的劳动力节约性；非粮化阶段则以规模化农户为主体，关注农业经营的经济获得性；小规模抛荒的行为载体则为农地资源禀赋较差的农户，属于一种被动策略。各发展阶段，人口城镇化水平、粮食安全水平、农业劳动力数量、农地流转市场以及农地数量等均呈现显著差异。从主要问题来看，趋粮化阶段有助于提高粮食供给，但农业增收功能将被弱化；非粮化阶段粮食安全则会受到明显冲击，小农户利益将遭受折损；小规模抛荒阶段土地数量面临挑战，粮食安全遭受冲击，并出现农村衰退和边缘化问题。事实上，本书呈现了人口城镇化对农业经营自然冲击的动态情景，从而为乡村振兴"阻击农村衰败"以及农业强、农村美、农民富等建设目标的设定提供了理论基础与目标靶向。

表 8 – 1　　　　　人口城镇化对农业经营自然冲击的阶段划分

项目	第一阶段：趋粮化	第二阶段：非粮化	第三阶段：小规模抛荒
人口城镇化水平	低	中	高
粮食安全水平	高	低	更低
农业劳动力数量	高	中	低
农地流转市场	低	高	低
农地数量	稳定	稳定	下降
经营主体	小农户	规模农户	农地流转市场不完善，农地资源禀赋差的农户
现状特征	农业不强、农村不美、农民不富	农业弱化、农村相对衰败、农民相对富裕	农业严重弱化、农村混乱凋敝、农民不富裕
存在问题	农业经济收益被压缩	粮食安全遭受冲击	粮食安全遭受冲击，农村自然衰退，出现边际村庄
破解对策	稳定种植结构，确保粮食产能，稳定种粮积极性	发展社会化服务市场，稳定种植结构，提高种粮积极性	严守耕地红线，发展土地流转市场和农业社会化服务市场

8.2.2　关于农业社会化服务问题的讨论

近年来，农业社会化服务成为中国农业产业内发展较快的领域，为推动农业经济发展、提高农业综合生产能力提供了重要支撑（林本喜和邓衡山，2012），同时对缓解农业生产要素约束提供有效助力（钟甫宁等，2016），是实现农业现代化的重要动力之一（冀名峰，2018；钟真等，2020）。在此情境下，可能会有研究者认为农业社会化服务市场的兴起，能够为无法实现自主经营耕地的农户提供耕种收环节的配套服务（如耕地、播种、灌溉、施药以及收割等），例如农业社会化服务建立的"劳务超市"和"农资超市"为农户提供了购买农业雇工服务或农机租赁服务的条件。此外，农户还可以选择购买农地托管和外包服务，土地交由外界服务组织或个人代为耕种。农业社会化服务市场的存在至少可以为农户提供经营农业的多样化策略选择，并且有助于提升农业生产效率（Guan and Lansink，2006；Hu et al.，2012；胡祎和张正河，2018；杨子等，2019）。

　　按照本书的基本逻辑，人口城镇化引致农业劳动力供给约束，进而可能会激发农户进行种植结构调整，或者推动农户转出农地。那么，在农业社会化服务市场逐步兴起的情形下，上述逻辑可能面临不确定性冲击，如社会化服务有助于缓解农业劳动力供给约束，从而可能对农户的行为决策（包括调整种植结构、转出农地以及农地抛荒）带来显著影响。例如，有研究发现，农机服务组织的存在会倒逼农户选择种植易于机械化作业的粮食作物，进而影响种植结构调整（钟甫宁等，2016）。杨子等（2019）研究发现，农业社会化服务通过缓解农户的劳动力、技术等资源禀赋对农户土地转入决策具有显著的正向影响。姜长云（2016）认为农机服务市场的发展能够缓解农忙季节农业劳动力短缺和农村土地撂荒。那么，面临农业劳动力供给约束时，农户选择购买农业社会化服务是否具有或然性以及是否属于农户相对理性的选择则有待进一步讨论。

　　第一，购买农业社会化服务的成本趋高。从农户角度讲，当前自营农业面临严重的成本高企与收益下滑问题，其中种植粮食作物表现尤为突出。《全国农产品成本收益资料汇编2019》数据显示，种植稻谷、小麦和玉米三种粮食作物的总成本呈逐年递增趋势（2013～2018年），并且在2018年达到1093.77元/亩，其中人工成本419.35元/亩，占比38.34%；物质与服务费用449.55元/亩，所占比重为41.10%；毛收益567.28元/亩（净利润＋家庭用工折价＋自营地折租），净利润为－85.59元/亩。按照钟甫宁等（2016）提出的理论逻辑，购买社会化服务会倒逼农户选择种植粮食作物，那么农户必然会面临成本投入陡增的问题。以山东乐陵地区玉米和小麦种植为例，农户购买机耕服务 80 元/亩、机种服务 30 元/亩、机收服务 80 元/亩（运输还需要额外收费，约 20 元/车）。另外，农忙季节人工费用男性约 70 元/天、女性约 50 元/天，按照每亩 4.81 个用工量计算，人工成本约为 288.6 元/天。[①] 此外，从播种到收割期间的施肥、灌溉、喷药以及除草等服务会根据频率、作业难度（例如玉米生长后期的施肥、喷药比前期相应的费用要高，这主要是由于玉米生长后期的作业难度增大）来收取不确定性费用。合计购买农业服务的额外支出约为 488.6 元/亩[②]，这显然已经接近甚至突破[③]种植粮食作物的毛收益了。因此，相较于调整种植结构和转出农地（仍可获取流转租金收益），购买社会化服务可能不是一种理性选择。

第二，农户家庭劳动力供给与农业社会化服务匹配性不足。农业社会化服务的兴起有助于缓解农业劳动力约束，但并非是对农户家庭劳动力的完全释放。换句话说，尽管农户可以选择购买服务，但是必要的劳动力投入仍不可避免，例如服务期间的统筹安排、作业监督以及粮食晾晒入仓等，并且还需要年纪轻、懂农活的一类劳动力与之匹配。根据这一情形设定，人口城镇化形成农业劳动力供给约束，转移出去的农村劳动力也大多集中于年纪轻、素质高的群体，导致留守农村的老人、妇女很难匹配社会化服务对劳动力的需求，从而形成购买服务的障碍。

事实上，经营农业过程中购买服务或者雇工面临高昂的监督成本（谢琳和罗必良，2017）。农业社会化服务潜在的购买方可能由于较高的显性成本和监督成本而压缩服务的购买量，在劳动力约束下转而将农地转出。然而，农业社会化服务的供给方则为了进一步摊薄既有的固定成本（如购买农机），可能会选择扩大经营规模，实现自我服务。按照这一逻辑，农业社会化服务必然会从外部化走向内部化（魏素豪，2020），其逻辑起点

---

① 按照男性和女性的平均费用 60 元/天计算。

② 由于施肥、灌溉、喷药以及除草等服务费用具有较大浮动性，此处并未计算上述支出。

③ 由于此处并未计算施肥、灌溉、喷药以及除草等服务费用，如果将其计算在内，购买服务的成本可能会超出毛收益。

依然需要回归于农地流转。所以，从上述角度讲，农业社会化服务并非农户家庭劳动力约束下的一种理性选择，而是农地流转情境下的一个应然趋势。换句话说，农业社会化服务不是嵌入在劳动力供给约束的逻辑之中，而是处在农业经营规模化（农地流转）的框架之下。

8.3　政策启示

14 亿人口基数意味着中国必然是一个粮食消费大国。因此，宏观上形成保障粮食安全的政策框架，微观上探索实现粮食稳定供给的政策抓手极为关键。但从国际安全性和国内稳定性的角度讲，粮食稳定供给的核心仍然需要回归于生产能力问题，即立足国内有限的资源禀赋（如土地、水资源），最大限度提高粮食的综合生产能力。按照本书的逻辑设计，农业种植结构调整应该是赋予粮食生产能力和有效供给弹性的一条有效路径，尤其是在当前世界范围内不确定性因素明显增加，国际贸易不稳定性显著提升的情形下（如中美贸易摩擦、新冠肺炎疫情期间 18 个国家采取粮食出口管制措施），通过农业种植结构调整可以有效实现粮食综合生产能力与多元化供给能力的提高。那么，从本书得出的基本结论出发，基于"人口城镇化—农业劳动力供给约束—种植结构调整和农地流转—粮食安全"分析框架，本书尝试从以下四个方面提出针对性的政策启示。

第一，关注人口城镇化的趋粮化效应，稳定农业种植结构。具体地，一是理性认识趋粮化现象。人口城镇化的前期发展阶段所引致的农业劳动力供给约束能够显著促进趋粮化，并且从长期看趋粮化可能是农业种植结构调整的重要走向。这意味着人口城镇化与保障粮食安全不存在目标上的冲突，而是具有战略上的一致性。二是关注北京、上海以及天津的种植结构调整问题。上述地区的人口城镇化已经进入第二个区制，其对趋粮化的影响存在结构突变的可能，要重点关注以上三个地区的土地流转以及种植结构调整问题。三是重视人口城镇化的趋粮化效应异质性。各粮食功能区人口城镇化对趋粮化的影响存在显著不同，实施差异化的种植结构调整管控措施。四是重视社会化服务对农业劳动力转移的替代作用。农业服务市场的发育和各类服务的供给能够有效缓解劳动力转移所形成的约束，应着重提升产前至产后的农机类服务，扩大农业外包服务市场。五是重视劳动力空间上短距离转移对种植结构的影响。通过建立区域性的劳动力市场，以及完善的延伸至乡村的劳动力市场网络来引导农村劳动力就近转移，实现就地城镇化，进而形成村域范围内的劳动力蓄水池，为提高种植结构调整弹性提供基础保障。

第二，重视人口城镇化的农地转出效应，提升土地流转比例。人口城镇化形成农业劳动力供给约束显著促进农地转出，土地的逐步市场可以实现要素的优化配置，进而有助于提高生产效率。一是借助人口城镇化形成的倒逼机制提高农地流转率。扩大农地流转规模，尤其是盘活西部地区的土地资源，确保农地能够顺利进入流转市场。二是建立村两委牵头的土地流转模式。人口城镇化形成了庞大的土地流转供给市场，但由于地块零散分割、地力差异明显等问题，流转市场的转入需求并不充分。可以探索由村委牵头，利用村组织优势归集和平整村内土地，然后以土地打包流转的方式提高土地流转效率。

第三，警惕农地流转引致的非粮化趋势，降低农地流转成本。从农地转入者的角度讲，出于成本收益的考虑，农地转入能显著促进农户提高经济作物播种面积比例。为此，总体上应警惕农地转入带来的农业种植结构的非粮化趋势，稳定粮食产能和供给。一是要保持种植结构的稳定。在确保粮食安全的常态背景下适度提高粮食播种面积比例，始终保有底线意识，确保农地农用、粮地粮用，防止过度非粮化。二是要重点关注农地转入者的特征以及大规模转入农地的案例。偏好风险的农户往往倾向于大规模转入土地，并且从事非粮化甚至非农化经营，失去了流转农地的规模化意义，也不利于稳定耕地数量和确保粮食安全。三是提高种粮补贴扭转利润劣势。针对转入农地后继续种植粮食的农户给予政策优惠和扶持，政府应支持建立农地流转交易平台或相应的服务组织，形成农地低成本流转机制，降低流转租金以及粮食生产成本。

第四，识别人口城镇化影响粮食安全的趋粮化路径，提高种植结构调整弹性。一是做好人口城镇化过程中农业社会化服务的推进工作。在政策层面给予相应补贴，提供必要的生产性外包支持，补齐农业劳动力投入短板，确保农业种植结构平稳调整，避免弃种抛荒。二是应关注就地城镇化给粮食安全带来的负面影响。农村人口就地就近转移没有形成明显的农业劳动力供给约束，对种植结构调整的作用也并未显现，但是就地城镇化却引致用地规划不足以及耕地不合理占用问题。为此，要落实土地用途管制、基本农田保护以及土地利用总体规划等措施，规避就地城镇化无序扩张和对农村产业冲击所带来的耕地数量与质量的负面影响。三是应关注各粮食功能区人口城镇化对粮食安全的异质性影响。要重点加大主产区的社会化服务市场的培育，缓解劳动力供给约束，同时严格监测主产区流转类土地的种植结构调整以及耕地弃种抛荒问题，确保粮地粮用，避免过度非粮化和撂荒问题。四是要严格落实土地管控措施。强化人口城镇化过程中的土地占补平衡政策，杜绝"占优补劣、占多补少"行为，切实保护好土地资源，稳定粮食产能。

总体上讲，应重视人口城镇化带来的趋粮化效应和农地转出效应。特别是在确保粮食安全的底线要求下，要警惕土地流转引致的农业种植结构非粮化问题，最大限度立足国内的资源禀赋，稳定基本的粮食产能以及充足的粮食供给。事实上，人口城镇化持续向前发展已经成为必然事实，劳动力不断向城市流动，在该过程中农业将经历趋粮化、非粮化和小规模抛荒三个阶段，从而进入农业发展"陷阱"。如果缺少外界政策干预，粮食安全遭受冲击不可避免。为规避上述陷阱，应以粮食安全为根本遵循，形成"人口转移有序、结构调整有度、土地抛荒有控"的农业发展格局，稳住"三农"基本盘，助力乡村振兴。与此同时，要充分利用国外资源和市场。据测算，满足中国的食物消费大约需要 35 亿亩的农作物播种面积，但国内仅有 25 亿亩，仍然存在 10 亿亩左右的缺口，农作物播种面积存在不足，依靠国际市场不可避免。因此，既要树立开放型的国家粮食安全观，又要优化粮食以及重要农产品的贸易布局，构建全球化、多样化和长期稳定的进口渠道。

参 考 文 献

[1] 安悦，谭雪兰，谭杰扬，余航菱，王振凯，李文哲. 湖南省农作物种植结构演变及影响因素 [J]. 经济地理，2021 (2)：1-11.

[2] 蔡昉. 刘易斯转折点后的农业发展政策选择 [J]. 中国农村经济，2008 (8)：4-15.

[3] 蔡运龙，傅泽强，戴尔阜. 区域最小人均耕地面积与耕地资源调控 [J]. 地理学报，2002 (2)：127-134.

[4] 蔡之兵，张青. 中国粮食产量"天花板"的迹象判断、形成机理与应对之策 [J]. 行政管理改革，2021 (2)：72-80.

[5] 曹亚，陈浩. 劳动力流迁就业、资本逆向输出与农地流转分析 [J]. 中国人口科学，2010 (3)：35-45.

[6] 常明，王西琴，贾宝珍. 中国粮食作物灌溉用水效率时空特征及驱动因素——以稻谷、小麦、玉米为例 [J]. 资源科学，2019，41 (11)：2032-2042.

[7] 陈斌开，马宁宁，王丹利. 土地流转、农业生产率与农民收入 [J]. 世界经济，2020，43 (10)：97-120.

[8] 陈风波，丁士军. 农村劳动力非农化与种植模式变迁——以江汉平原稻农水稻种植为例 [J]. 南方经济，2006 (9)：43-52.

[9] 陈菁，孔祥智. 土地经营规模对粮食生产的影响——基于中国十三个粮食主产区农户调查数据的分析 [J]. 河北学刊，2016，36 (3)：122-128.

[10] 陈锡文，陈昱阳，张建军. 中国农村人口老龄化对农业产出影响的量化研究 [J]. 中国人口科学，2011 (2)：39-46.

[11] 陈锡文. 实施乡村振兴战略，推进农业农村现代化 [J]. 中国农业大学学报 (社会科学版)，2018，35 (1)：5-12.

[12] 陈笑, 张正河. 城镇化背景下我国城乡居民粮食消费结构分析 [J]. 企业改革与管理, 2015 (15): 193－194.

[13] 陈秧分, 刘彦随, 王介勇. 东部沿海地区农户非农就业对农地租赁行为的影响研究 [J]. 自然资源学报, 2010 (3): 368－375.

[14] 陈秧分, 钟钰, 刘玉, 王国刚. 中国粮食安全治理现状与政策启示 [J]. 农业现代化研究, 2014, 35 (6): 690－695.

[15] 成升魁, 李云云, 刘晓洁, 王灵恩, 吴良, 鲁春霞, 谢高地, 刘爱民. 关于新时代我国粮食安全观的思考 [J]. 自然资源学报, 2018, 33 (6): 911－926.

[16] 程国强, 朱满德. 新冠肺炎疫情冲击粮食安全: 趋势、影响与应对 [J]. 中国农村经济, 2020 (5): 13－20.

[17] 程国强, 朱满德. 中国工业化中期阶段的农业补贴制度与政策选择 [J]. 管理世界, 2012 (1): 9－20.

[18] 程国强. 推进粮食产业高质量发展的思考 [J]. 中国粮食经济, 2019 (9): 54－59.

[19] 程国强. 中国粮食调控: 目标、机制与政策 [M]. 北京: 中国发展出版社, 2012.

[20] 程令国, 张晔, 刘志彪. 农地确权促进了中国农村土地的流转吗? [J]. 管理世界, 2016 (1): 88－98.

[21] 程名望, 黄甜甜, 刘雅娟. 农村劳动力转移对粮食安全的影响——基于粮食主销区面板数据的实证分析 [J]. 上海经济研究, 2015 (4): 87－92.

[22] 程名望, 张帅, 潘烜. 农村劳动力转移影响粮食产量了吗? ——基于中国主产区面板数据的实证分析 [J]. 经济与管理研究, 2013 (10): 79－85.

[23] 仇童伟, 罗必良. 农地调整会抑制农村劳动力非农转移吗? [J]. 中国农村观察, 2017 (4): 57－71.

[24] 仇童伟, 罗必良. 强化地权能够促进农地流转吗? [J]. 南方经济, 2020 (12): 1－18.

[25] 仇童伟, 罗必良. 种植结构趋粮化的动因何在? ——基于农地

产权与要素配置的作用机理及实证研究 [J]. 中国农村经济，2018 (2)：65 –80.

[26] 崔万田，何春. 城镇化的农村减贫效应：理论机制与实证检验 [J]. 经济科学，2018 (4)：89 –102.

[27] 丁守海. 中国城镇发展中的就业问题 [J]. 中国社会科学，2014 (1)：30 –47.

[28] 董晓霞，黄季焜，Scott Rozelle，王红林. 地理区位、交通基础设施与种植业结构调整研究 [J]. 管理世界，2006 (9)：59 –63.

[29] 杜辉，张美文，陈池波. 中国新农业补贴制度的困惑与出路 [J]. 中国软科学，2010 (7)：1 –7.

[30] 杜鹰. 中国的粮食安全战略（上）[J]. 农村工作通讯，2020 (21)：35 –38.

[31] 杜鹰. 中国的粮食安全战略（下）[J]. 农村工作通讯，2020 (22)：17 –21.

[32] 杜志雄，韩磊. 供给侧生产端变化对中国粮食安全的影响研究 [J]. 中国农村经济，2020 (4)：2 –14.

[33] 丰雷，胡依洁，蒋妍，李怡忻. 中国农村土地转让权改革的深化与突破——基于2018年"千人百村"调查的分析和建议 [J]. 中国农村经济，2020 (12)：2 –21.

[34] 盖庆恩，朱喜，史清华. 劳动力转移对中国农业生产的影响 [J]. 经济学（季刊），2014，13 (3)：1147 –1170.

[35] 甘犁，尹志超，谭继军. 中国家庭金融调查报告2014 [M]，四川·成都：西南财经大学出版社，2015.

[36] 高佳，宋戈. 农村劳动力转移规模对农地流转的影响 [J]. 经济地理，2020，40 (8)：172 –178.

[37] 高晓燕，赵宏倩. 工商资本下乡非粮化现象的诱因及长效对策 [J]. 经济问题，2021 (3)：92 –99.

[38] 高延雷，王志刚，郭晨旭. 城镇化与农民增收效应——基于异质性城镇化的理论分析与实证检验 [J]. 农村经济，2019 (10)：38 –46.

[39] 高延雷，王志刚. 城镇化是否带来了耕地压力的增加？——来

自中国的经验证据 [J]. 中国农村经济, 2020 (9): 65 – 85.

[40] 高延雷, 昝青岛, 王志刚. 城镇化与粮食安全: 主要问题、逻辑关系及研究展望 [J]. 现代管理科学, 2018 (12): 3 – 5.

[41] 高延雷, 张正岩, 魏素豪, 王志刚. 城镇化对中国粮食安全的影响——基于省区面板数据的实证分析 [J]. 资源科学, 2019, 41 (8): 1462 – 1474.

[42] 高杨, 牛子恒. 风险厌恶、信息获取能力与农户绿色防控技术采纳行为分析 [J]. 中国农村经济, 2019 (8): 109 – 127.

[43] 郜亮亮. 中国农户在农地流转市场上能否如愿以偿?——流转市场的交易成本考察 [J]. 中国农村经济, 2020 (3): 78 – 96.

[44] 辜胜阻, 李华, 易善策. 城镇化是扩大内需实现经济可持续发展的引擎 [J]. 中国人口科学, 2010 (3): 2 – 10.

[45] 顾天竹, 纪月清, 钟甫宁. 城镇化、生活服务外包与低技能服务业扩张——基于吸纳农村劳动力转移角度的讨论 [J]. 南京农业大学学报 (社会科学版), 2021, 21 (2): 136 – 147.

[46] 郭兵. 我国城市化与粮食安全关系问题研究 [J]. 经济体制改革, 2011 (1): 32 – 35.

[47] 郭欢欢. 重庆市土地租赁户农作物选择机制及其对粮食安全的威胁 [J]. 中国土地科学, 2014, 28 (2): 37 – 43.

[48] 郭剑雄, 李志俊. 劳动力选择性转移条件下的农业发展机制 [J]. 经济研究, 2009, 44 (5): 31 – 41.

[49] 郭晓鸣, 任永昌, 廖祖君, 王小燕. 农业大省农业劳动力老龄化的态势、影响及应对——基于四川省 501 个农户的调查 [J]. 财经科学, 2014 (4): 128 – 140.

[50] 郭依群, 马雪梅. 中文年鉴/统计数据库之比较研究 [J]. 图书馆建设, 2009 (3): 17 – 22.

[51] 韩立民, 李大海, 王波. "蓝色基本农田": 粮食安全保障与制度构想 [J]. 中国农村经济, 2015 (10): 34 – 41.

[52] 韩旭东, 刘爽, 王若男, 郑风田. 农业保险对家庭经营收入的影响效果——基于全国三类农户调查的实证分析 [J]. 农业现代化研究,

2020, 41 (6): 946 - 956.

[53] 何蒲明, 娄方舟. 我国粮食综合生产能力分析——基于劳动投入与种粮收益的视角 [J]. 农业技术经济, 2014 (4): 72 - 79.

[54] 何树全, 高旻. 国内外粮价对我国粮食进出口的影响——兼论我国粮食贸易的"大国效应" [J]. 世界经济研究, 2014 (3): 33 - 39.

[55] 何欣, 蒋涛, 郭良燕, 甘犁. 中国农地流转市场的发展与农户流转农地行为研究——基于2013—2015年29省的农户调查数据 [J]. 管理世界, 2016 (6): 79 - 89.

[56] 何秀荣. 国家粮食安全治理体系和治理能力现代化 [J]. 中国农村经济, 2020 (6): 12 - 15.

[57] 贺伟, 朱善利. 我国粮食托市收购政策研究 [J]. 中国软科学, 2011 (9): 10 - 17.

[58] 贺振华. 农户外出、土地流转与土地配置效率 [J]. 复旦学报 (社会科学版), 2006 (4): 95 - 103.

[59] 洪炜杰, 陈小知, 胡新艳. 劳动力转移规模对农户农地流转行为的影响——基于门槛值的验证分析 [J]. 农业技术经济, 2016 (11): 14 - 23.

[60] 洪银兴. 以三农现代化补"四化"同步的短板 [J]. 经济学动态, 2015 (2): 4 - 11.

[61] 侯石安. 粮食安全与财政补贴政策的优化 [J]. 管理世界, 2008 (11): 172 - 173.

[62] 胡冰川, 周竹君. 城镇化背景下食品消费的演进路径：中国经验 [J]. 中国农村观察, 2015 (6): 2 - 14.

[63] 胡浩, 王图展. 农户兼业化进程及其对农业生产影响的分析——以江苏省北部农村为例 [J]. 江海学刊, 2003 (6): 53 - 58.

[64] 胡霞, 丁冠淇. 为什么土地流转中会出现无偿转包——基于产权风险视角的分析 [J]. 经济理论与经济管理, 2019 (2): 89 - 100.

[65] 胡雪枝, 钟甫宁. 人口老龄化对种植业生产的影响——基于小麦和棉花作物分析 [J]. 农业经济问题, 2013, 34 (2): 36 - 43.

[66] 胡祎, 张正河. 农机服务对小麦生产技术效率有影响吗？[J].

中国农村经济, 2018 (5): 68-83.

[67] 胡岳岷, 刘元胜. 中国粮食安全: 价值维度与战略选择 [J]. 经济学家, 2013 (5): 50-56.

[68] 华树春, 钟钰. 我国粮食区域供需平衡以及引发的政策启示 [J]. 经济问题, 2021 (3): 100-107.

[69] 黄枫, 孙世龙. 让市场配置农地资源: 劳动力转移与农地使用权市场发育 [J]. 管理世界, 2015 (7): 71-81.

[70] 黄季焜, 牛先芳, 智华勇, 董晓霞. 蔬菜生产和种植结构调整的影响因素分析 [J]. 农业经济问题, 2007 (7): 4-10.

[71] 黄季焜. 社会发展、城市化和食物消费 [J]. 中国社会科学, 1999 (4): 102-116.

[72] 黄林楠, 陈曦. 城乡二元结构视阈下中国农村消失的困境 [J]. 湖北农业科学, 2016, 55 (8): 2171-2174.

[73] 黄玛兰, 李晓云. 农业劳动力价格上涨对农作物种植结构变化的省际差异性影响 [J]. 经济地理, 2019, 39 (6): 172-182.

[74] 黄伟. 农地流转中的非农化与非粮化风险及其规避 [J]. 当代经济管理, 2014, 36 (8): 39-43.

[75] 黄勇, 朱信凯. 基于指数分解法的中国粮食增量贡献要素研究 [J]. 农业技术经济, 2014 (6): 92-102.

[76] 黄祖辉, 王建英, 陈志钢. 非农就业、土地流转与土地细碎化对稻农技术效率的影响 [J]. 中国农村经济, 2014 (11): 4-16.

[77] 纪月清, 胡杨, 杨宗耀. 单独抑或联合: 地块规模与农户土地投资决策 [J]. 南京农业大学学报 (社会科学版), 2017, 17 (6): 59-70.

[78] 季建林. 当前我国农村经济的主要问题与出路 [J]. 经济理论与经济管理, 2001 (1): 70-72.

[79] 冀名峰. 农业生产性服务业: 我国农业现代化历史上的第三次动能 [J]. 农业经济问题, 2018 (3): 9-15.

[80] 贾晋, 王珏, 肖慧琳. 中国粮食储备体系优化的理论研究评述 [J]. 经济学动态, 2011 (3): 97-100.

[81] 简新华, 黄锟. 中国城镇化水平和速度的实证分析与前景预测

[J]. 经济研究, 2010 (3): 28 – 39.

[82] 姜长云, 王一杰. 新中国成立70年来我国推进粮食安全的成就、经验与思考 [J]. 农业经济问题, 2019 (10): 10 – 23.

[83] 姜长云. 改革开放以来我国历次粮食供求失衡的回顾与启示 [J]. 中国农村观察, 2006 (2): 8 – 15.

[84] 姜长云. 关于发展农业生产性服务业的思考 [J]. 农业经济问题, 2016, 37 (5): 8 – 15.

[85] 姜长云. 关于我国粮食安全的若干思考 [J]. 农业经济问题, 2005 (2): 44 – 48.

[86] 姜长云. 推进农业供给侧结构性改革的重点 [J]. 经济纵横, 2018 (2): 91 – 98.

[87] 蒋和平, 尧珏, 蒋黎. 新时期我国粮食安全保障的发展思路与政策建议 [J]. 经济学家, 2020 (1): 110 – 118.

[88] 柯炳生. 三种农业补贴政策的原理与效果分析 [J]. 农业经济问题, 2018 (8): 4 – 9.

[89] 匡远配, 刘洋. 农地流转过程中的"非农化"、非粮化辨析 [J]. 农村经济, 2018 (4): 1 – 6.

[90] 蓝海涛, 王为农. 我国中长期粮食安全的若干重大问题及对策 [J]. 宏观经济研究, 2007 (6): 7 – 13.

[91] 雷泽奎, 涂涛涛, 李霞. 技术进步路径与中国粮食安全——基于GTAP模型的分析 [J]. 华中农业大学学报 (社会科学版), 2021 (2): 90 – 100.

[92] 冷智花, 付畅俭, 许先普. 家庭收入结构、收入差距与土地流转——基于中国家庭追踪调查 (CFPS) 数据的微观分析 [J]. 经济评论, 2015 (5): 111 – 128.

[93] 冷智花, 付畅俭. 城镇化失衡发展对粮食安全的影响 [J]. 经济学家, 2014 (11): 58 – 65.

[94] 冷智花, 行永乐, 钱龙. 农业劳动力性别结构对粮食生产的影响——基于CFPS数据的实证分析 [J]. 财贸研究, 2020, 31 (12): 36 – 48.

[95] 黎东升, 曾靖. 经济新常态下中国粮食安全面临的挑战 [J].

农业经济问题, 2015, 36 (5): 42-47.

[96] 黎霆, 赵阳, 辛贤. 当前农地流转的基本特征及影响因素分析 [J]. 中国农村经济, 2009 (10): 4-11.

[97] 李丰, 胡舟. 粮食最低收购价政策对农户种植行为的影响分析——以稻谷主生产区为例 [J]. 价格理论与实践, 2016 (10): 94-97.

[98] 李国祥. 2020年中国粮食生产能力及其国家粮食安全保障程度分析 [J]. 中国农村经济, 2014 (5): 4-12.

[99] 李恒. 农村土地流转的制度约束及促进路径 [J]. 经济学动态, 2015 (6): 87-92.

[100] 李恒. 外出务工促进农民增收的实证研究——基于河南省49个自然村的调查分析 [J]. 农业经济问题, 2006 (7): 23-26.

[101] 李隆玲, 田甜, 武拉平. 城镇化进程中农民工收入分布变化对其食物消费的影响 [J]. 农业现代化研究, 2016, 37 (1): 57-63.

[102] 李旻, 赵连阁. 农业劳动力"老龄化"现象及其对农业生产的影响——基于辽宁省的实证分析 [J]. 农业经济问题, 2009, 30 (10): 12-18.

[103] 李旻, 赵连阁. 农业劳动力"女性化"现象及其对农业生产的影响——基于辽宁省的实证分析 [J]. 中国农村经济, 2009 (5): 61-69.

[104] 李树, 于文超. 幸福的社会网络效应——基于中国居民消费的经验研究 [J]. 经济研究, 2020, 55 (6): 172-188.

[105] 李天祥, 朱晶. 近十年来中国粮食内部种植结构调整对水土资源利用的影响分析 [J]. 中国人口·资源与环境, 2014, 24 (9): 96-102.

[106] 梁书民, 孟哲, 白石. 基于村级调查的中国农业种植结构变化研究 [J]. 农业经济问题, 2008 (1): 26-31.

[107] 梁书民. 中国农业种植结构及演化的空间分布和原因分析 [J]. 中国农业资源与区划, 2006 (2): 29-34.

[108] 林本喜, 邓衡山. 农业劳动力老龄化对土地利用效率影响的实证分析——基于浙江省农村固定观察点数据 [J]. 中国农村经济, 2012 (4): 15-25.

[109] 林大燕, 朱晶. 从供应弹性的视角看我国主要农作物种植结构

变化原因 [J]. 农业技术经济, 2015 (1): 33-41.

[110] 林善浪, 王健, 张锋. 劳动力转移行为对土地流转意愿影响的实证研究 [J]. 中国土地科学, 2010, 24 (2): 19-23.

[111] 刘成武, 黄利民. 农地边际化过程中农户土地利用行为变化及其对粮食生产的影响 [J]. 地理研究, 2015, 34 (12): 2268-2282.

[112] 刘丹, 巩前文. 农地流转中"去粮化"行为对国家粮食安全的影响及治理对策 [J]. 农业现代化研究, 2017, 38 (4): 673-680.

[113] 刘华军, 刘传明. 城镇化与农村人口老龄化的双向反馈效应——基于中国省际面板数据联立方程组的经验估计 [J]. 农业经济问题, 2016, 37 (1): 45-52.

[114] 刘进, 陆钰凤, 许庆. 农业补贴、养老保障与农地转出 [J]. 农业技术经济, 2020 (12): 23-37.

[115] 刘亮, 章元, 高汉. 劳动力转移与粮食安全 [J]. 统计研究, 2014, 31 (9): 58-64.

[116] 刘乃全, 刘学华. 劳动力流动、农业种植结构调整与粮食安全——基于"良田种树风"的一个分析 [J]. 南方经济, 2009 (6): 15-24.

[117] 刘奇. 树立大食物安全观 保障国家粮食安全 [J]. 乡村振兴, 2021 (3): 32-35.

[118] 刘彦随, 乔陆印. 中国新型城镇化背景下耕地保护制度与政策创新 [J]. 经济地理, 2014, 34 (4): 1-6.

[119] 刘莹, 黄季焜. 农户多目标种植决策模型与目标权重的估计 [J]. 经济研究, 2010, 45 (1): 148-157.

[120] 陆文聪, 黄祖辉. 中国粮食供求变化趋势预测：基于区域化市场均衡模型 [J]. 经济研究, 2004 (8): 94-104.

[121] 吕捷, 王雨濛. 当前国际粮食经济形势与中国粮食安全 [J]. 中共中央党校（国家行政学院）学报, 2019, 23 (4): 131-136.

[122] 吕新业, 冀县卿. 关于中国粮食安全问题的再思考 [J]. 农业经济问题, 2013 (9): 15-24.

[123] 罗必良, 仇童伟. 中国农业种植结构调整：非粮化抑或趋粮化 [J]. 社会科学战线, 2018 (2): 39-51.

［124］罗必良，张露，仇童伟．小农的种粮逻辑——40 年来中国农业种植结构的转变与未来策略［J］．南方经济，2018（8）：1–28.

［125］罗必良，张露．中国农地确权：一个可能被过高预期的政策［J］．中国经济问题，2020（5）：17–31.

［126］罗必良．农地确权、交易含义与农业经营方式转型——科斯定理拓展与案例研究［J］．中国农村经济，2016（11）：2–16.

［127］罗必良．农业经营制度的理论轨迹及其方向创新：川省个案［J］．改革，2014（2）：96–112.

［128］罗翔，罗静，张路．耕地压力与中国城镇化——基于地理差异的实证研究［J］．中国人口科学，2015（4）：47–59.

［129］罗翔，曾菊新，朱媛媛．谁来养活中国：耕地压力在粮食安全中的作用及解释［J］．地理研究，2016，35（12）：2216–2226.

［130］罗翔，张路，朱媛媛．基于耕地压力指数的中国粮食安全［J］．中国农村经济，2016（2）：83–96.

［131］马九杰，张象枢，顾海兵．粮食安全衡量及预警指标体系研究［J］．管理世界，2001（1）：154–162.

［132］马林静，欧阳金琼，王雅鹏．农村劳动力资源变迁对粮食生产效率影响研究［J］．中国人口·资源与环境，2014，24（9）：103–109.

［133］马晓河，崔红志．建立土地流转制度，促进区域农业生产规模化经营［J］．管理世界，2002（11）：63–77.

［134］马晓河，蓝海涛，黄汉权．工业反哺农业的国际经验及我国的政策调整思路［J］．管理世界，2005（7）：55–63.

［135］马晓河，马建蕾．中国农村劳动力到底剩余多少？［J］．中国农村经济，2007（12）：4–9.

［136］马晓河．新形势下的粮食安全问题［J］．世界农业，2016（8）：238–241.

［137］毛慧，周力，应瑞瑶．风险偏好与农户技术采纳行为分析——基于契约农业视角再考察［J］．中国农村经济，2018（4）：74–89.

［138］毛学峰，孔祥智．重塑中国粮食安全观［J］．南京农业大学学报（社会科学版），2019，19（1）：142–150.

［139］毛学峰，刘靖，朱信凯．中国粮食结构与粮食安全：基于粮食流通贸易的视角［J］．管理世界，2015（3）：76－85．

［140］冒佩华，徐骥，贺小丹，周亚虹．农地经营权流转与农民劳动生产率提高：理论与实证［J］．经济研究，2015，50（11）：161－176．

［141］倪国华，蔡昉．农户究竟需要多大的农地经营规模？——农地经营规模决策图谱研究［J］．经济研究，2015，50（3）：159－171．

［142］倪坤晓，何安华．中国粮食供需形势分析［J］．世界农业，2021（2）：10－18．

［143］潘岩．关于确保国家粮食安全的政策思考［J］．农业经济问题，2009（1）：25－28．

［144］庞新军，冉光和．传统城镇化与就地城镇化对农民收入的影响研究：基于时变分析的视角［J］．中国软科学，2017（9）：91－98．

［145］彭代彦，文乐．农村劳动力老龄化、女性化降低了粮食生产效率吗——基于随机前沿的南北方比较分析［J］．农业技术经济，2016（2）：32－44．

［146］彭代彦，吴翔．中国农业技术效率与全要素生产率研究——基于农村劳动力结构变化的视角［J］．经济学家，2013（9）：68－76．

［147］普蓂喆，郑风田．粮食储备与价格调控问题研究动态［J］．经济学动态，2016（11）：115－125．

［148］齐琦，周静，王绪龙．农户风险感知与施药行为的响应关系研究——基于辽宁省菜农数据的实证检验［J］．农业技术经济，2020（2）：72－82．

［149］钱龙，洪名勇．非农就业、土地流转与农业生产效率变化——基于CFPS的实证分析［J］．中国农村经济，2016（12）：2－16．

［150］钱龙，袁航，刘景景，洪名勇．农地流转影响粮食种植结构分析［J］．农业技术经济，2018（8）：63－74．

［151］钱文荣，王大哲．如何稳定我国玉米供给——基于省际动态面板数据的实证分析［J］．农业技术经济，2015（1）：22－32．

［152］钱文荣，郑黎义．劳动力外出务工对农户农业生产的影响——研究现状与展望［J］．中国农村观察，2011（1）：31－38．

[153] 钱文荣, 郑黎义. 劳动力外出务工对农户水稻生产的影响 [J]. 中国人口科学, 2010 (5): 58 - 65.

[154] 钱忠好. 非农就业是否必然导致农地流转——基于家庭内部分工的理论分析及其对中国农户兼业化的解释 [J]. 中国农村经济, 2008 (10): 13 - 21.

[155] 秦立建, 张妮妮, 蒋中一. 土地细碎化、劳动力转移与中国农户粮食生产——基于安徽省的调查 [J]. 农业技术经济, 2011 (11): 16 - 23.

[156] 沈洁. 不断推进国家粮食安全治理现代化 [J]. 政策瞭望, 2020 (7): 51 - 53.

[157] 石敏, 李琴. 我国农地流转的动因分析——基于广东省的实证研究 [J]. 农业技术经济, 2014 (1): 49 - 55.

[158] 宋洪远. 实现粮食供求平衡? 保障国家粮食安全 [J]. 南京农业大学学报 (社会科学版), 2016, 16 (4): 1 - 11.

[159] 宋小青, 欧阳竹. 1999—2007 年中国粮食安全的关键影响因素 [J]. 地理学报, 2012, 67 (6): 793 - 803.

[160] 宋元梁, 肖卫东. 中国城镇化发展与农民收入增长关系的动态计量经济分析 [J]. 数量经济技术经济研究, 2005 (9): 31 - 40.

[161] 孙致陆, 贾小玲, 李先德. 中国与"一带一路"沿线国家粮食贸易演变趋势及其虚拟耕地资源流量估算 [J]. 华中农业大学学报 (社会科学版), 2019 (1): 24 - 32.

[162] 檀竹平, 洪炜杰, 罗必良. 农业劳动力转移与种植结构趋粮化 [J]. 改革, 2019 (7): 111 - 118.

[163] 唐华俊. 新形势下中国粮食自给战略 [J]. 农业经济问题, 2014, 35 (2): 4 - 10.

[164] 唐华俊. 中国居民合理膳食模式下的粮食供需平衡分析 [J]. 农业经济问题, 2012, 33 (9): 4 - 11.

[165] 田甜, 李隆玲, 黄东, 武拉平. 未来中国粮食增产将主要依靠什么?——基于粮食生产"十连增"的分析 [J]. 中国农村经济, 2015 (6): 13 - 22.

［166］田毅鹏. 乡村"过疏化"背景下城乡一体化的两难［J］. 浙江学刊，2011（5）：31-35.

［167］童玉芬，王莹莹. 中国城市人口与雾霾：相互作用机制路径分析［J］. 北京社会科学，2014（5）：4-10.

［168］涂涛涛，马强，李谷成. 人口老龄化、人口城镇化与中国粮食安全——基于中国 CGE 模型的模拟［J］. 中南财经政法大学学报，2017（4）：109-118.

［169］万宝瑞. 深化对粮食安全问题的认识［J］. 农业经济问题，2008（9）：4-8.

［170］万晓萌，周晓亚. 我国粮食最低收购价政策实施效果评价研究——基于农业供给侧结构性改革背景下的分析［J］. 价格理论与实践，2018（3）：6-13.

［171］王国刚，刘彦随，刘玉. 城镇化进程中农村劳动力转移响应机理与调控——以东部沿海地区为例［J］. 自然资源学报，2013（1）：1-9.

［172］王国刚. 城镇化：中国经济发展方式转变的重心所在［J］. 经济研究，2010，45（12）：70-81.

［173］王济民，张灵静，欧阳儒彬. 改革开放四十年我国粮食安全：成就、问题及建议［J］. 农业经济问题，2018（12）：14-18.

［174］王欧，杨进. 农业补贴对中国农户粮食生产的影响［J］. 中国农村经济，2014（5）：20-28.

［175］王善高，雷昊. 土地流转费用上涨对粮食生产的影响研究——基于种植结构调整、农作物品质调整和要素替代的视角［J］. 中国农业资源与区划，2019，40（7）：58-65.

［176］王向辉. 新阶段中国粮食安全问题探讨："中国粮食安全专题研讨会"综述［J］. 中国农村经济，2015（7）：93-96.

［177］王晓君，何亚萍，蒋和平. "十四五"时期的我国粮食安全：形势、问题与对策［J］. 改革，2020（9）：27-39.

［178］王翌秋，陈玉珠. 劳动力外出务工对农户种植结构的影响研究——基于江苏和河南的调查数据［J］. 农业经济问题，2016，37（2）：41-48.

[179] 王跃梅，姚先国，周明海. 农村劳动力外流、区域差异与粮食生产 [J]. 管理世界，2013 (11)：67 – 76.

[180] 王智波，李长洪. 轻资产运营对企业利润率的影响——基于中国工业企业数据的实证研究 [J]. 中国工业经济，2015 (6)：108 – 121.

[181] 魏后凯，王业强. 中央支持粮食主产区发展的理论基础与政策导向 [J]. 经济学动态，2012 (11)：49 – 55.

[182] 魏君英，夏旺. 农村人口老龄化对我国粮食产量变化的影响——基于粮食主产区面板数据的实证分析 [J]. 农业技术经济，2018 (12)：41 – 52.

[183] 魏素豪. 我国农机作业服务市场发展历程、趋势与优化路径研究 [J]. 管理现代化，2020，40 (6)：16 – 18.

[184] 魏霄云，史清华. 农家粮食：储备与安全——以晋浙黔三省为例 [J]. 中国农村经济，2020 (9)：86 – 104.

[185] 温忠麟，侯杰泰，张雷. 调节效应与中介效应的比较和应用 [J]. 心理学报，2005 (2)：268 – 274.

[186] 吴冠岑，牛星，许恒周. 乡村旅游开发中土地流转风险的产生机理与管理工具 [J]. 农业经济问题，2013，34 (4)：63 – 68.

[187] 吴昊，甘宇. 地方政府的粮食储备意愿及其影响因素 [J]. 财经科学，2019 (10)：119 – 132.

[188] 吴惠芳，饶静. 农业女性化对农业发展的影响 [J]. 农业技术经济，2009 (2)：55 – 61.

[189] 吴清华，李谷成，周晓时，冯中朝. 基础设施、农业区位与种植业结构调整——基于1995—2013年省际面板数据的实证 [J]. 农业技术经济，2015 (3)：25 – 32.

[190] 吴天锡. 粮食安全的新概念和新要求 [J]. 世界农业，2001 (6)：8 – 10.

[191] 吴文斌，杨鹏，谈国新，邹金秋，柴崎亮介，唐华俊. 基于Logit模型的世界主要作物播种面积变化模拟 [J]. 地理学报，2007 (6)：589 – 598.

[192] 向国成，韩绍凤. 分工与农业组织化演进：基于间接定价理论

模型的分析 [J]. 经济学（季刊），2007（2）：513 – 538.

[193] 项继权，周长友. "新三农"问题的演变与政策选择 [J]. 中国农村经济，2017（10）：13 – 25.

[194] 谢高地，成升魁，肖玉，鲁春霞，刘晓洁，徐洁. 新时期中国粮食供需平衡态势及粮食安全观的重构 [J]. 自然资源学报，2017，32（6）：895 – 903.

[195] 谢花林，刘桂英. 1998—2012 年中国耕地复种指数时空差异及动因 [J]. 地理学报，2015，70（4）：604 – 614.

[196] 谢琳，罗必良. 技术进步、成本结构与农业经营方式变迁 [J]. 中山大学学报（社会科学版），2017，57（1）：201 – 208.

[197] 谢玲红，吕开宇. "十四五"时期农村劳动力转移就业的五大问题 [J]. 经济学家，2020（10）：56 – 64.

[198] 辛良杰，李秀彬. 近年来我国南方双季稻区复种的变化及其政策启示 [J]. 自然资源学报，2009，24（1）：58 – 65.

[199] 胥璐，李宏伟，屈锡华. 人口老龄化对农业发展的影响与对策 [J]. 宏观经济管理，2013（1）：50 – 51.

[200] 徐海亚，朱会义. 基于自然地理分区的 1990—2010 年中国粮食生产格局变化 [J]. 地理学报，2015，70（4）：582 – 590.

[201] 徐建国，张勋. 农业生产率进步、劳动力转移与工农业联动发展 [J]. 管理世界，2016（7）：76 – 87.

[202] 徐建玲，查婷俊. 基于城镇化视角的省域粮食安全研究：以江苏省为例 [J]. 资源科学，2014，36（11）：2353 – 2360.

[203] 徐晶，张正峰. 家庭务工对农户参与农地流转行为的影响 [J]. 中国土地科学，2020，34（10）：99 – 107.

[204] 徐明凡，孟雪，刘合光. 我国城镇化发展对农作物种植结构的影响 [J]. 兰州学刊，2013（2）：141 – 146.

[205] 徐志刚，宁可，钟甫宁，纪月清. 新农保与农地转出：制度性养老能替代土地养老吗？——基于家庭人口结构和流动性约束的视角 [J]. 管理世界，2018，34（5）：86 – 97.

[206] 徐志刚，谭鑫，郑旭媛，陆五一. 农地流转市场发育对粮食生

产的影响与约束条件 [J]. 中国农村经济, 2017 (9): 26 – 43.

[207] 许高峰, 王运博. 城镇化进程中中国粮食安全问题研究 [J]. 中国青年政治学院学报, 2013, 32 (5): 120 – 127.

[208] 许庆, 刘进, 钱有飞. 劳动力流动、农地确权与农地流转 [J]. 农业技术经济, 2017 (5): 4 – 16.

[209] 薛庆根, 王全忠, 朱晓莉, 周宏. 劳动力外出、收入增长与种植业结构调整——基于江苏省农户调查数据的分析 [J]. 南京农业大学学报 (社会科学版), 2014, 14 (6): 34 – 41.

[210] 闫周府, 吴方卫, 袁凯彬. 劳动禀赋变化、技术选择与粮食种植结构调整 [J]. 财经研究, 2021, 47 (4): 79 – 93.

[211] 杨进, 钟甫宁, 陈志钢, 彭超. 农村劳动力价格、人口结构变化对粮食种植结构的影响 [J]. 管理世界, 2016 (1): 78 – 87.

[212] 杨丽霞. 基于耕地压力指数的杭州市粮食安全评价 [J]. 农业现代化研究, 2014, 35 (1): 93 – 96.

[213] 杨忍, 刘彦随, 陈玉福, 李婷婷. 环渤海地区耕地复种指数时空变化遥感反演及影响因素探测 [J]. 地理科学, 2013, 33 (5): 588 – 593.

[214] 杨志海, 王雅鹏. 城镇化影响了粮食安全吗？——来自1462个县 (市) 面板数据的实证检验 [J]. 城市发展研究, 2012, 19 (10): 1 – 5.

[215] 杨子, 张建, 诸培新. 农业社会化服务能推动小农对接农业现代化吗——基于技术效率视角 [J]. 农业技术经济, 2019 (9): 16 – 26.

[216] 叶初升, 马玉婷. 人力资本及其与技术进步的适配性何以影响了农业种植结构 [J]. 中国农村经济, 2020 (4): 34 – 55.

[217] 易小燕, 陈印军. 农户转入耕地及其非粮化种植行为与规模的影响因素分析——基于浙江、河北两省的农户调查数据 [J]. 中国农村观察, 2010 (6): 2 – 10.

[218] 尹成杰. 关于农村全面建成小康社会的几点思考 [J]. 农业经济问题, 2019 (10): 4 – 10.

[219] 尹成杰. 关于提高粮食综合生产能力的思考 [J]. 农业经济问题, 2005 (1): 5 – 10.

[220] 尹成杰. 后疫情时代粮食发展与粮食安全 [J]. 农业经济问

题，2021（1）：4-13.

[221] 曾福生，戴鹏. 农户种粮选择行为影响因素分析 [J]. 技术经济，2012（2）：80-86.

[222] 曾福生，周静. 新常态下中国粮食供求平衡新思路 [J]. 农业现代化研究，2017，38（4）：553-560.

[223] 曾福生. 建立农地流转保障粮食安全的激励与约束机制 [J]. 农业经济问题，2015，36（1）：15-23.

[224] 曾湘泉，陈力闻，杨玉梅. 城镇化、产业结构与农村劳动力转移吸纳效率 [J]. 中国人民大学学报，2013，27（4）：36-46.

[225] 翟虎渠. 坚持依靠政策、科技与投入确保我国粮食安全 [J]. 农业经济问题，2004（1）：24-26.

[226] 詹姆斯·S. 科尔曼. 社会理论的基础 [M]. 邓方. 北京：社会科学文献出版社，2008.

[227] 张贝倍，王善高，周应恒. 新形势下水稻价格下降对农户生产决策的影响：基于种植结构、品质调整、要素投入的视角 [J]. 世界农业，2020（3）：72-81.

[228] 张红宇，张海阳，李伟毅，李冠佑. 中国特色农业现代化：目标定位与改革创新 [J]. 中国农村经济，2015（1）：4-13.

[229] 张红宇. 城镇化进程中农村劳动力转移：战略抉择和政策思路 [J]. 中国农村经济，2011（6）：4-14.

[230] 张红宇. 牢牢掌握粮食安全主动权 [J]. 农业经济问题，2021（1）：14-18.

[231] 张红宇. 粮食总量、产业安全与农业风险管理 [J]. 中国乡村发现，2020（1）：64-73.

[232] 张洪潮，王丹. 新型城镇化、产业结构调整与农村劳动力"再就业"[J]. 中国软科学，2016（6）：136-142.

[233] 张慧，王洋. 中国耕地压力的空间分异及社会经济因素影响——基于342个地级行政区的面板数据 [J]. 地理研究，2017，36（4）：731-742.

[234] 张璟，程郁，郑风田. 市场化进程中农户兼业对其土地转出选

择的影响研究 [J]. 中国软科学, 2016 (3): 1 - 12.

[235] 张军岩, 贾绍凤. 基于中日比较的人口城市化对耕地影响机制研究 [J]. 中国人口·资源与环境, 2005 (1): 29 - 34.

[236] 张乐勤, 陈发奎. 基于 Logistic 模型的中国城镇化演进对耕地影响前景预测及分析 [J]. 农业工程学报, 2014, 30 (4): 1 - 11.

[237] 张露, 罗必良. 农业减量化: 农户经营的规模逻辑及其证据 [J]. 中国农村经济, 2020 (2): 81 - 99.

[238] 张瑞娟, 武拉平. 基于资产选择决策的农户粮食储备量影响因素分析 [J]. 中国农村经济, 2012 (7): 51 - 59.

[239] 张务锋. 加快推动国家粮食安全保障治理体系和治理能力现代化 [J]. 时事报告, 2019, 38 (6): 77 - 84.

[240] 张雪, 周密. 农户种植结构调整中的羊群效应——以辽宁省玉米种植户为例 [J]. 华中农业大学学报 (社会科学版), 2019 (4): 54 - 62.

[241] 张元红, 刘长全, 国鲁来. 中国粮食安全状况评价与战略思考 [J]. 中国农村观察, 2015 (1): 2 - 14.

[242] 张志新, 李成, 靳玥. 农村劳动力老龄化、女性化与粮食供给安全 [J]. 华东经济管理, 2021, 35 (1): 86 - 96.

[243] 张宗毅, 杜志雄. 土地流转一定会导致非粮化吗?——基于全国 1740 个种植业家庭农场监测数据的实证分析 [J]. 经济学动态, 2015 (9): 63 - 69.

[244] 赵丽平, 侯德林, 王雅鹏, 何可. 城镇化对粮食生产环境技术效率影响研究 [J]. 中国人口·资源与环境, 2016, 26 (3): 153 - 162.

[245] 钟甫宁, 纪月清. 土地产权、非农就业机会与农户农业生产投资 [J]. 经济研究, 2009, 44 (12): 43 - 51.

[246] 钟甫宁, 陆五一, 徐志刚. 农村劳动力外出务工不利于粮食生产吗?——对农户要素替代与种植结构调整行为及约束条件的解析 [J]. 中国农村经济, 2016 (7): 36 - 47.

[247] 钟甫宁, 向晶. 城镇化对粮食需求的影响: 基于热量消费视角的分析 [J]. 农业技术经济, 2012 (1): 4 - 10.

[248] 钟甫宁, 邢鹂. 粮食单产波动的地区性差异及对策研究 [J].

中国农业资源与区划，2004（3）：16-19.

[249] 钟甫宁，叶春辉. 中国种植业战略性结构调整的原则和模拟结果 [J]. 中国农村经济，2004（4）：4-9.

[250] 钟甫宁. 关于当前粮食安全的形势判断和政策建议 [J]. 农业经济与管理，2011（1）：5-8.

[251] 钟甫宁. 正确认识粮食安全和农业劳动力成本问题 [J]. 农业经济问题，2016，37（1）：4-9.

[252] 钟钰，普蓂喆，刘明月，牛坤玉，张琳. 新冠肺炎疫情对我国粮食安全的影响分析及稳定产量的建议 [J]. 农业经济问题，2020（4）：13-22.

[253] 钟真，胡珺祎，曹世祥. 土地流转与社会化服务："路线竞争"还是"相得益彰"？——基于山东临沂12个村的案例分析 [J]. 中国农村经济，2020（10）：52-70.

[254] 周诚君. 加快推进新型城镇化：对若干重大体制改革问题的认识与政策建议 [J]. 中国社会科学，2013（7）：59-76.

[255] 周立，奚云霄，马荟，方平. 资源匮乏型村庄如何发展新型集体经济？——基于公共治理说的陕西袁家村案例分析 [J]. 中国农村经济，2021（1）：1-21.

[256] 周敏，雷国平，匡兵. 信息不对称下的农地流转"柠檬"市场困境——以黑龙江省西城村例证 [J]. 华中农业大学学报（社会科学版），2017（4）：118-123.

[257] 周先波，盛华梅. 信息化产出弹性的非参数估计分析 [J]. 数量经济技术经济研究，2008，25（10）：130-141.

[258] 朱晶，李天祥，林大燕，钟甫宁. "九连增"后的思考：粮食内部结构调整的贡献及未来潜力分析 [J]. 农业经济问题，2013，34（11）：36-43.

[259] 朱莉芬，黄季焜. 城镇化对耕地影响的研究 [J]. 经济研究，2007（2）：137-145.

[260] 朱满德，张梦瑶，刘超. 农业机械化驱动了种植结构"趋粮化"吗 [J]. 世界农业，2021（2）：27-34.

［261］朱启臻，杨汇泉．谁在种地——对农业劳动力的调查与思考［J］．中国农业大学学报（社会科学版），2011，28（1）：162－169.

［262］朱文珏，罗必良．劳动力转移、性别差异与农地流转及合约选择［J］．中国人口·资源与环境，2020，30（1）：160－169.

［263］朱文珏，罗必良．农地流转、禀赋效应及对象歧视性——基于确权背景下的 IV － Tobit 模型的实证分析［J］．农业技术经济，2019（5）：4－15.

［264］朱泽．国际农产品贸易自由化与我国农业政策的应对［J］．战略与管理，1998（1）：26－34.

［265］邹湘江，吴丹．人口流动对农村人口老龄化的影响研究——基于"五普"和"六普"数据分析［J］．人口学刊，2013，35（4）：70－79.

［266］Abadie A, Imbens G. Large Sample Properties of Matching Estimators for Average Treatment Effects ［J］. Econometrica, 2006, 74（1）: 235－267.

［267］Amour C B, Reitsma F, Baiocchi G. Future Urban Land Expansion and Implications for Global Croplands ［J］. Proceedings of the National Academy of Sciences of the United States of America, 2017, 114（34）: 8939－8944.

［268］Anderson M D, Cook J T. Community food security: Practice in need of theory? ［J］. Agriculture and human values, 1999, 16（2）: 141－150.

［269］Arouri M, Ben Y A, Nguyen C. Does Urbanization Reduce Rural Poverty: Evidence from Vietnam ［J］. Economic Modelling, 2017, 60（1）: 253－270.

［270］Au C C, Henderson J V. Are Chinese Cities Too Small? ［J］. The Review of Economic Studies, 2006, 73（3）: 549－576.

［271］Baron R M, Kenny D A. The Moderator-Mediator Variable Distinction in Social Psychological Research: Conceptual, Strategic, and Statistical Considerations ［J］. Journal of Personality and Social Psychology, 1986, 51（2）: 1173－1182.

［272］Becker S O, Ichino A. Estimation of Average Treatment Effects Based on Propensity Scores ［J］. Stata Journal, 2002, 2（4）: 358－377.

［273］Bren d'Amour C, Reitsma F, Baiocchi G, et al. Future Urban Land

Expansion and Implications for Global Croplands ［J］. Proceedings of the National Academy of Sciences, 2017, 114 (34): 8939 – 8944.

［274］ Brown L A. Who Will Feed China? —Wake Up Call for Small Planet ［M］. The World Watch Institute. New York: W W Norton and Company, 1995.

［275］ Candel J J L. Food Security Governance: A Systematic Literature Review ［J］. Food Security, 2014, 6 (4): 585 – 601.

［276］ Cardenas J C, Carpenter J P. Three Themes on Field Experiments and Economic Development ［J］. Field Experiments in Economics, 2005, 10 (5): 71 – 123.

［277］ Castella J C, Boissau S, Trung T N, Quang D D. Agrarian Transition and Lowland-upland Interactions in Mountain Areas in Northern Vietnam: Application of A Multi-agent Simulation Model ［J］. Agricultural Systems, 2005, 86 (3): 312 – 332.

［278］ Challinor A J, Watson J, Lobell D B, Howden S M, Smith D R, Chhetri N. A Meta-analysis of Crop Yield Under Climate Change and Adaptation ［J］. Nature Climate Change, 2014, 4 (3): 287 – 291.

［279］ Chen J. Rapid Urbanization in China: A Real Challenge to Soil Protection and Food Security ［J］. Catena, 2007, 69 (1): 1 – 15.

［280］ Conceicao P, Levine S, Lipton M, Rodriguez A W. Toward a Food Secure Future: Ensuring Food Security for Sustainable Human Development in Sub-Saharan Africa ［J］. Food Policy, 2016, 60 (4): 1 – 9.

［281］ Cordell D, Drangert J O, White S. The Story of Phosphorus: Global Food Security and Food for Thought ［J］. Global Environmental Change, 2009, 19 (2): 292 – 305.

［282］ Damon A L. Agricultural Land Use and Asset Accumulation in Migrant Households: The Case of El Salvador ［J］. Journal of Development Studies, 2010, 46 (1): 162 – 189.

［283］ Daniels T L. The Purchase of Development Rights: Preserving Agricultural Land and Open Space ［J］. Journal of the American Planning Association, 1991, 57 (4): 421 –431.

[284] Dehejia R H, Wahba S. Propensity Score-Matching Methods for Non-Experimental Causal Studies [J]. The Review of Economics and Statistics, 2006, 84 (1): 151 –161.

[285] Deininger K, Jin S. The Potential of Land Rental Markets in the Process of Economic Development: Evidence from China [J]. Journal of Development Economics, 2005, 78 (5): 241 –270.

[286] Deng X Z, Huang J K, Rozelle S, Uchida, E. Cultivated Land Conversion and Potential Agricultural Productivity in China [J]. Land Use Policy, 2006, 23 (4): 372 –384.

[287] Deng X Z, Huang J K, Rozelle S, Zhang J P, Li Z H. Impact of Urbanization on Cultivated Land Changes in China [J]. Land Use Policy, 2015, 45 (5): 1 –7.

[288] Deng X, Huang J, Rozelle S, et al. Cultivated Land Conversion and Potential Agricultural Productivity in China [J]. Land Use Policy, 2006, 23 (1): 372 –384.

[289] Dong Z Q, Pan Z H, Wang S. Effective Crop Structure Adjustment Under Climate Change [J]. Ecological Indicators, 2016, 69 (10): 571 –577.

[290] Du Y Y, Sun T S, Peng J, Fang K, Liu Y X, Yang Y, Wang Y L. Direct and Spillover Effects of Urbanization on PM2. 5 Concentrations in China's Top Three Urban Agglomerations [J]. Journal of Cleaner Production, 2018, 190 (7): 72 –83.

[291] Dumanski J, Pieri C. Land Quality Indicators: Research Plan [J]. Agriculture, Ecosystems and Environment, 2000, 81 (2): 93 – 102.

[292] Eckel C, Grossman P J. Forecasting Risk Attitudes: An Experimental Study Using Actual and Forecast Gamble Choices [J]. Journal of Economic Behavior and Organization, 2008, 68 (1): 1 –17.

[293] Escamilla R, Levy T S, Candel J. Food Security Governance in Latin America: Principles and the Way Forward [J]. Global Food Security, 2017, 14 (9): 68 –72.

[294] Eyjolfsdottir H S, Baumann I, Agahi N, Fritzell J, Lennartsson C. Prolongation of Working Life and Its Effect on Mortality and Health in Older Adults: Propensity Score Matching [J]. Social Science & Medicine, 2019, 226 (1): 77 – 86.

[295] Fellner G, Maciejovsky B. Risk Attitude and Market Behavior: Evidence from Experimental Asset Markets [J]. Journal of Economic Psychology, 2007, 28 (3): 338 – 350.

[296] Flannery M J, Rangan K P. Partial Adjustment Toward Target Capital Structures [J]. Journal of Financial Economics, 2006, 79 (3): 469 – 506.

[297] Gandhi V P, Zhou Z. Food Demand and the Food Security Challenge with Rapid Economic Growth in the Emerging Economies of India and China [J]. Food Research International, 2014, 63 (3): 108 – 124.

[298] George C S L, Samuel P S H. China's Land Resources and Land-Use Change: Insights from the 1996 Land Survey [J]. Land Use Policy, 2003, 20 (2): 87 – 107.

[299] Gerbens-Leenes P W, Nonhebel S. Consumption Patterns and Their Effect on Land Required for Food [J]. Ecological Economics, 2002, 42 (1): 185 – 199.

[300] Glaeser E L, Kahn M E, Rappaport J. Why do the Poor Live in Cities: The Role of Public Transportation [J]. Journal of Urban Economics, 2008, 63 (1): 1 – 24.

[301] Godfray H C J, Beddington J R, Crute I R, et al. Food Security: The Challenge of Feeding 9 Billion People [J]. Science, 2010, 1 (28): 1 – 15.

[302] Godfray H C J, Crute I R, Haddad L, et al. The Future of the Global Food System [J]. Philosophical Transactions of the Royal Society B, 2016, 35 (12): 2216 – 2226.

[303] Gu B J, Zhang X L, Bai X M, et al. Four Steps to Food Security for Swelling Cities [J]. Nature, 2019, 566 (2): 31 – 33.

[304] Guan Z, Lansink A O. The Source of Productivity Growth in Dutch Agriculture: A Perspective from Finance [J]. American Journal of Agricultural Economics, 2006, 88 (3): 644 –656.

[305] Halim R, Clemente R S, Routray J K, et al. Integration of Biophysical and Socio-Economic Factors to Assess Soil Erosion Hazard in the Upper Kaligarang Watershed, Indonesia [J]. Land Degradation & Development, 2007, 18 (4): 453 –469.

[306] Han L J, Zhou W Q, Li W F, Li L. Impact of Urbanization Level on Urban Air Quality: A Case of Fine Particles (PM2. 5) in Chinese Cities [J]. Environmental Pollution, 2014, 194 (11): 163 –170.

[307] Han X, Wei Z, Zhang B, Han C, Song J. Effects of Crop Planting Structure Adjustment on Water Use Efficiency in the Irrigation Area of Hei River Basin [J]. Water, 2018, 10 (10): 1305 –1321.

[308] Hanjra M A, Qureshi M E. Global Water Crisis and Future Food Security in An Era of Climate Change [J]. Food Policy, 2010, 35 (5): 365 –377.

[309] Hansen B E. Sample Splitting and Threshold Estimation [J]. Econometrica, 2000, 68 (1): 575 –603.

[310] Harris J R, Todaro M P. Migration, Unemployment and Development: A Two-Sector Analysis [J]. The American Economic Review, 1970, 60 (1): 126 –142.

[311] Hartman R S. Self-selection Bias in The Evolution of Voluntary Energy Conservation Programs [J]. The Review of Economics and Statistics, 1988, 70 (3): 448 –458.

[312] Headey D, Jayne T S. Adaptation to Land Constraints: Is Africa Different?[J]. Food Policy, 2014, 48 (10): 18 –33.

[313] Heckman J J. Selection Bias and Self-Selection [J]. Econometrics, 1990, 3 (1): 201 –224.

[314] Holmes T J, Mitchell M F. A theory of Factor Allocation and Plant Size [J]. The Rand Journal of economics, 2008, 39 (2): 329 –351.

［315］Hovhannisyan V, Devadoss S. Effects of Urbanization on Food Demand in China ［J］. Empirical Economics, 2020, 58 (2): 699 – 721.

［316］Hu R, Cai Y K, Chen Z, Huang J K. Effects of Inclusive Public Agricultural Extension Service: Results from a Policy Reform Experiment in Western China ［J］. China Economic Review, 2012, 23 (4): 962 – 974.

［317］Huang J K, David C C. Demand for Cereal Grains in Asia: The Effect of Urbanization ［J］. Agricultural Economics, 1993, 8 (2): 107 – 124.

［318］Huang J, Zhu L, Deng X, Rozelle S. Cultivated Land Changes in China: The Impacts of Urbanization and Industrialization ［J］. Remote Sensing and Modeling of Ecosystems for Sustainability, 2005, 9 (9): 1 – 15.

［319］Jalan J, Ravallion M. Estimating the Benefit Incidence of An Antipoverty Program by Propensity-Score Matching ［J］. Journal of Business & Economic Statistics, 2003, 21 (1): 19 – 30.

［320］James L R, Brett J M. Mediators, Moderators, and Tests for Mediation ［J］. Journal of Applied Psychology, 1984, 69 (2): 307 – 321.

［321］Jayne T S, Chamberlin J, Headey D D. Land Pressures, the Evolution of Farming Systems, and Development Strategies in Africa: A Synthesis ［J］. Food Policy, 2014, 48 (10): 1 – 17.

［322］Ji Y, Yu X, Zhong F. Machinery Investment Decision and Off-farm Employment in Rural China ［J］. China Economic Review, 2012, 23 (1): 71 – 80.

［323］Jiang L, Deng X, Seto K C. The Impact of Urban Expansion on Agricultural Land Use Intensity in China ［J］. Land Use Policy, 2013, 35 (11): 33 – 39.

［324］Kastner T, Rivas M J L, Koch W, Nonhebel S. Global Changes in Diets and the Consequences for Land Requirements for Food ［J］. Proceedings of the National Academy of Sciences of the United States of America, 2012, 109 (18): 6868 – 6872.

［325］Kennedy E, Reardon T. Shift to Non-Traditional Grains in the Diets of East and West Africa: Role of Women's Opportunity Cost of Time ［J］. Food

Policy, 1994, 19 (1): 45 – 56.

[326] Kenny L W, Lee L F, Maddala G S, Trost P. Returns to College Education: An Investigation of Self-Selection Bias Based on The Project Talent Data [J]. International Economic Review, 1979, 20 (3): 775 – 789.

[327] Khan S, Hanjra M A, Mu J X. Water Management and Crop Production for Food Security in China: A review [J]. Agricultural Water Management, 2009, 96 (3): 349 – 360.

[328] Kung K. Off-Farm Labor Markets, and the Emergence of Land Rental Markets in Rural China [J]. Journal of Comparative Economics, 2002, 30 (2): 395 – 414.

[329] Kurucu Y, Chiristina N. Monitoring the Impacts of Urbanization and Industrialization on the Agricultural Land and Environment of the Torbali, Izmir Region, Turkey [J]. Environmental Monitoring and Assessment, 2008, 136 (1): 289 – 297.

[330] Lin Y F. Rural Reforms and Agricultural Growth in China [J]. The American Economic Review, 1992, 82 (1): 34 – 51.

[331] Liu G, Chen Y, He H. China's Environmental Challenges Going Rural and West [J]. Environment and Planning, 2012, 44 (7): 1657 – 1660.

[332] Liu Y B. Is the Natural Resource Production A Blessing or Curse for China's Urbanization: Evidence from A Space Time Panel Data Model [J]. Economic Modelling, 2014, 38 (2): 404 – 416.

[333] Liu Y, Wang C, Tang Z, Nan Z. Will Farmland Transfer Reduce Grain Acreage: Evidence from Gansu Province, China [J]. China Agricultural Economic Review, 2018, 10 (2): 277 – 292.

[334] Liu Z F, He C Y, Zhang Q F. Extracting the Dynamics of Urban Expansion in China Using DMSP-OLS Nighttime Light Data from 1992 to 2008 [J]. Landscape and Urban Planning, 2012, 106 (1): 62 – 72.

[335] Low A. Agricultural Development in Southern Africa: Farm Household Economics and the Food Crisis [J]. African Studies Review, 1986, 31 (1): 127 – 152.

[336] Lu Q S, Liang F Y, Bi X L, et al. Effects of Urbanization and Industrialization on Agricultural Land Use in Shandong Peninsula of China [J]. Ecological Indicators, 2011, 11 (6): 1710 – 1714.

[337] Mancinelli S, Mazzanti M, Piva N, et al. Education, Reputation or Network? Evidence on Migrant Workers Employability [J]. Journal of Socio-Economics, 2010, 39 (1): 64 – 71.

[338] Matuschke I. Rapid Urbanization and Food Security: Using Food Density Maps to Identify Future Food Security Hotspots [C]. International Association of Agricultural Economists Conference, Beijing, China, 2009.

[339] Maxwell S, Smith M. Household food security: a conceptual review [J] . Household food security: Concepts, indicators, measurements, 1992, 1: 1 – 72.

[340] Mekonnen M. Tenure Security, Resource Endowments, and Tree Growing: Evidence from The Amhara Region of Ethiopia [J]. Land Economics, 2009, 85 (2): 292 – 307.

[341] Menapace L, Colson G, Raffaelli R. A Comparison of Hypothetical Risk Attitude Elicitation Instruments for Explaining Farmer Crop Insurance Purchases [J]. European Review of Agricultural Economics, 2016, 43 (1): 113 – 135.

[342] Mendola M. Agricultural Technology Adoption and Poverty Reduction: A Propensity-Score Matching Analysis for Rural Bangladesh [J]. Food Policy, 2007, 32 (3): 372 – 393.

[343] Mundlak Y. Economic Growth: Lessons from Two Centuries of American Agriculture [J]. Journal of Economic Literature, 2005, 43 (12): 989 – 1024.

[344] Pandey B, Joshi P K, Seto K C. Monitoring Urbanization Dynamics in India Using DMSP/OLS Night Time Lights and SPOT – VGT Data [J]. International Journal of Applied Earth Observation and Geoinformation, 2013, 23 (8): 49 – 61.

[345] Pandey B, Seto K C. Urbanization and Agricultural Land Loss in

India: Comparing Satellite Estimates with Census Data [J]. Journal of Environmental Management, 2015, 148 (2): 53 –66.

[346] Racine J S. Nonparametric Econometrics: A Primer [M]. Hanover: Now Publishers Inc, 2008.

[347] Rosegrant M W, Cline S A. Global Food Security: Challenges and Policies [J]. Science, 2003, 302 (5652): 1917 –1919.

[348] Rosenbaum P R, Rubin D B. The Central Role of The Propensity Score in Observational Studies for Causal Effects [J]. Biometrika, 1983, 70 (1): 41 –55.

[349] Rozelle S, Taylor J E, deBrauw A. Migration, Remittances, and Agricultural Productivity in China [J]. American Economic Review, 1999, 89 (2): 287 –291.

[350] Satterthwaite D, Mcgranahan G, Tacoli C. Urbanization and Its Implications for Food and Farming [J]. Philosophical Transactions of the Royal Society B, 2010, 365 (1554): 2809 –2820.

[351] Schmook B, Radel C. International Labor Migration from a Tropical Development Frontier: Globalizing Households and An Incipient Forest Transition [J]. Human Ecology, 2008, 36 (6): 891 –908.

[352] Song X Q, Ouyang Z, Li Y S, Li F D. Cultivated Land Use Change in China, 1999 –2007: Policy Development Perspectives [J]. Journal of Geographical Sciences, 2012, 22 (11): 1061 –1078.

[353] Song Y C, Jiggins J. Feminization of Agriculture and Relate Issues: Two Cases Study in Marginal Rural Area in China [J]. Leisa Magazine, 2002, 12 (1): 5 –7.

[354] Stage J, Stage J, McGranahan G. Is Urbanization Contributing to Higher Food Prices [J]. Environment & Urbanization, 2010, 22 (1): 199 –215.

[355] Stark O, Bloom D E. The New Economics of Labor Migration [J]. The American Economic Review, 1985, 75 (2): 173 –178.

[356] Su B, Li Y H, Li L Q. How Does Nonfarm Employment Stability

Influence Farmers' Farmland Transfer Decisions? Implications for China's Land Use Policy [J]. Land Use Policy, 2018, 74 (5): 66 –72.

[357] Su M, Guo R Z, Hong W Y. Institutional Transition and Implementation Path for Cultivated Land Protection in Highly Urbanized Regions: A Case Study of Shenzhen, China [J]. Land Use Policy, 2019, 81 (2): 493 –501.

[358] Tan M H, Zheng L Q. Increase in Economic Efficiency of Water Use Caused by Crop Structure Adjustment in Arid Areas [J]. Journal of Environmental Management, 2019, 230 (15): 386 –391.

[359] Tan M, Li X, Xie H, Lu C. Urban Land Expansion and Arable Land Loss in China—A Case Study of Beijing-Tianjin-Hebei Region [J]. Land Use Policy, 2005, 22 (3): 187 –196.

[360] Tufano P. Who Manages Risk? An Empirical Examination of Risk Management Practices in the Gold Mining Industry [J]. Journal of Finance, 1996, 51 (1): 1097 –1137.

[361] Tversky A, Kahneman D. The Framing of Decisions and the Psychology of Choice [J]. Science, 1981, 211 (4481): 453 –458.

[362] Valbuena D, Verburg P H, Bregt A K, Ligtenberg A. An Agent-based Approach to Model Land-use Change at A Regional Scale [J]. Landscape Ecology, 2010, 25 (2): 185 –199.

[363] Vandercasteelen J, Beyene S T, Minten B, Swinnen J. Big Cities, Small Towns, and Poor Farmers: Evidence from Ethiopia [J]. World Development, 2018, 106 (3): 393 –406.

[364] Wang Y, Li X, Xin L, et al. Farmland marginalization and its drivers in mountainous areas of China [J]. Science of the Total Environment, 2020, 719: 132 –150.

[365] Weber E U, Blais A R, Betz N E. A Domain-Specific Risk-Attitude Scale: Measuring Risk Perceptions and Risk Behaviors [J]. Journal of Behavioral Decision Making, 2002, 15 (4): 263 –290.

[366] Wu H X, Meng X. The Direct Impact of the Relocation of Farm Labour on Chinese Grain Production [J]. China Economic Review, 1997, 7 (2):

105 – 122.

[367] Yang H, Li X B. Cultivated Land and Food Supply in China [J]. Land Use Policy, 2000, 17 (2): 73 – 88.

[368] Yang J, Huang Z H, Zhang X B, Reardon T. The Rapid Rise of Cross-Regional Agricultural Mechanization Services in China [J]. American Journal of Agricultural Economics, 2013, 95 (5): 1245 – 1251.

[369] Yao Y. The Development of the Land Lease Market in Rural China [J]. Land Economics, 2000, 76 (2): 252 – 266.

[370] Zhang H, Kuuluvainen J, Ning Y, Liao W, Liu C. Institutional Regime, Off-Farm Employment, and the Interaction Effect: What Are the Determinants of Households' Forestland Transfer in China [J]. Sustainability, 2017, 9 (10): 1 – 15.

[371] Zhang J, Mishra A K, Hirsch S, Li X S. Factors Affecting Farmland Rental in Rural China: Evidence of Capitalization of Grain Subsidy Payments [J]. Land Use Policy, 2020, 90 (1): 1 – 10.

[372] Zhang K H, Song S F. Rural-Urban Migration and Urbanization in China: Evidence from Time-Series and Cross-Section Analyses [J]. China Economic Review, 2003, 14 (4): 386 – 400.

[373] Zhang L X, deBrauw A, Rozelle S. China's Rural Labor Market Development, and Its Gender Implications [J]. China Economic Review, 2004, 15 (2): 230 – 247.

[374] Zhao X F, Zheng Y Q, Huang X J, Kwan M, Zhao Y T. The Effect of Urbanization and Farmland Transfer on the Spatial Patterns of Non-Grain Farmland in China [J]. Sustainability, 2017, 9 (8): 1 – 19.

[375] Zhou X S, Ma W L, Renwick A. Off-farm Work Decisions of Farm Couples and Land Transfer Choices in Rural China [J]. Applied Economics, 2020, 52 (57): 6229 – 6247.

[376] Zhou Y, Guo L, Liu Y. Land Consolidation Boosting Poverty Alleviation in China: Theory and Practice [J]. Land Use Policy, 2019, 82 (3): 339 – 348.

后　记

　　中国是粮食消费大国，如何让人们吃饱并吃好始终是摆在学术界和政策制定者面前的一项重大课题。当前，粮食消费量上升与进口风险增加，使得粮食供给压力回归国内资源与市场，粮食安全陡增为核心议题。本书针对种植结构趋粮化现象，从人口城镇化的角度展开理论分析与实证检验，并为其提供一个新解释：人口城镇化对种植结构具有趋粮化与非粮化正反两种影响效应，但现阶段净效应仍然表现为趋粮化。本书为理解趋粮化现象提供了新视角，同时为稳定粮食供给、保障粮食安全提供了政策新思路。

　　本书的出版得到了中国人民大学王志刚教授的指导，在此表示感谢。同时，感谢中国家庭金融调查与研究中心提供的大样本数据支持，以及清华大学中国农村研究院博士论文奖学金项目、中国农业科学院科技创新工程、中央级公益性科研院所基本科研业务费专项等项目的资助。

2022 年 7 月

图书在版编目（CIP）数据

人口城镇化与粮食安全：机理、实证与对策/高延雷著.
—北京：经济科学出版社，2022.7
ISBN 978 - 7 - 5218 - 3760 - 5

Ⅰ.①人… Ⅱ.①高… Ⅲ.①城市化 - 影响 - 粮食安全 - 研究 - 中国 Ⅳ.①F326.11

中国版本图书馆 CIP 数据核字（2022）第 107541 号

责任编辑：赵　蕾
责任校对：李　建
责任印制：范　艳

人口城镇化与粮食安全：机理、实证与对策
高延雷　著
经济科学出版社出版、发行　新华书店经销
社址：北京市海淀区阜成路甲 28 号　邮编：100142
总编部电话：010 - 88191217　发行部电话：010 - 88191522
网址：www. esp. com. cn
电子邮箱：esp@ esp. com. cn
天猫网店：经济科学出版社旗舰店
网址：http://jjkxcbs. tmall. com
北京季蜂印刷有限公司印装
710×1000　16 开　12.25 印张　185000 字
2022 年 9 月第 1 版　2022 年 9 月第 1 次印刷
ISBN 978 - 7 - 5218 - 3760 - 5　定价：55.00 元
（图书出现印装问题，本社负责调换。电话：010 - 88191510）
（版权所有　侵权必究　打击盗版　举报热线：010 - 88191661
QQ：2242791300　营销中心电话：010 - 88191537
电子邮箱：dbts@ esp. com. cn）